Tutto bene!

Italien 1re année A1

Sous la direction de :

Ivan Aromatario
*Professeur agrégé, Formateur,
Chargé de mission auprès de l'Inspection - Grenoble*

Francesca Bivona
Professeure certifiée - Le Bourg d'Oisans

Claude Di Liberatore
Professeur certifié - Villefontaine, Formateur IUFM - Grenoble

Pierre Methivier
Professeur agrégé honoraire - Paris

Patrice Tondo
Professeur certifié, Formateur - Grenoble

hachette
ÉDUCATION

REMERCIEMENTS

Les auteurs tiennent à remercier très vivement :

– Sophie Rosenberger, responsable éditoriale, pour sa confiance renouvelée,

– Véronique Pommeret, leur éditrice, pour ses conseils judicieux et sa collaboration de tous les instants.

Les auteurs et l'éditrice remercient Josiane Faure et Raphaël Labbé pour leurs relectures et leurs conseils avisés, ainsi que les enseignants qui ont participé aux tests de ce manuel.

Les auteurs et l'éditrice remercient également Federico Simonti pour son aide précieuse.

RECHERCHE ICONOGRAPHIQUE : Federico Simonti

MAQUETTE (couverture et intérieur) : Frédéric Jély

MISE EN PAGE : Joëlle Casse

CARTOGRAPHIE : Hachette Éducation (garde)

ILLUSTRATIONS : Alain Janolle et Wilfrid Poma

Des pictogrammes désignent
les différentes activités langagières :

🎧 Compréhension de l'oral

👁 Compréhension de l'écrit

↩ Expression orale en continu

💬 Expression orale en interaction

✍ Expression écrite

Et signalent les renvois :

 CD élève

 CD classe

📼 Document vidéo

PAPIER À BASE DE FIBRES CERTIFIÉES

🄷 hachette s'engage pour l'environnement en réduisant l'empreinte carbone de ses livres. Celle de cet exemplaire est de : **950 g éq. CO₂** Rendez-vous sur www.hachette-durable.fr

© Hachette Livre 2013, 43 quai de Grenelle, 75905 Paris cedex 15
www.hachette-education.com

ISBN 978-2-01-125668-3

Préface

De nombreux collègues qui enseignent au collège nous avaient confié qu'ils attendaient avec impatience le « petit frère » de Tutto bene! **Lycée**. Nous sommes heureux de vous le présenter.

Le dernier-né de la collection reprend plusieurs caractéristiques ainsi que les points forts qui ont contribué au succès de son aîné tels que la structure des unités, la variété des thématiques ancrées dans la réalité des élèves et de l'Italie d'aujourd'hui, la richesse des activités au sein de chaque leçon ou bien encore la priorité accordée aux activités orales.

Tutto bene! **1re année** est évidemment conforme au programme du Palier 1: acquisition du niveau A1 du CECRL, respect des principes de l'approche actionnelle, entraînement régulier dans les cinq activités langagières… Nous avons souhaité proposer des **activités motivantes**, à partir de supports attrayants liés à la **réalité quotidienne des élèves**, en prenant en compte leurs centres d'intérêt ainsi que leurs compétences générales afin de favoriser au plus tôt le développement de leur autonomie et de les rendre acteurs tout au long de leur apprentissage.

Malgré les nombreuses ressemblances avec son aîné, Tutto bene! **1re année** possède une identité qui lui est propre et une personnalité bien marquée. Les orientations qui nous ont guidés dans l'élaboration de ce manuel et qui en font un outil moderne, d'une utilisation simple et efficace, sont les suivantes:

– des situations de communication permettant l'**interaction orale entre élèves** dès les premiers apprentissages;

– des **activités en équipes** proposées dans chaque leçon pour chacune des cinq activités langagières;

– des **dialogues enregistrés** d'un grand réalisme pour faciliter l'appropriation des structures grammaticales et du lexique et renforcer le développement de stratégies de compréhension de l'oral;

– une prédominance des **supports authentiques**: la *Lezione terza* est, pour toutes les unités, toujours composée de documents écrits, audio ou vidéo exclusivement authentiques;

– un **grand choix dans les** *Progetti finali* à la fin des unités afin de proposer des parcours différenciés, et d'éviter une certaine monotonie due à la répétition des mêmes tâches finales;

– **deux unités novatrices** laissant une grande souplesse d'utilisation: une unité introductive *Benvenuti in Italia!* consacrée à une découverte ludique de la langue italienne, et une unité *Buone feste!* constituée de quatre leçons *(Natale, Epifania, Carnevale, Pasqua)* faciles à intégrer dans la progression des unités, selon la période de l'année concernée.

Enfin nous souhaitons insister sur les points suivants:

– **L'arrière-plan culturel**, axé sur le thème « modernité et tradition », est omniprésent dans toutes les unités. Chaque leçon reflète l'idée que communication et culture sont indissociables. Les pages *Scopriamo insieme* illustrent également cette volonté en conciliant découvertes culturelle, artistique et activités de communication.

– **L'auto-évaluation** est conçue comme une préparation en autonomie aux différents *Progetti intermedi*, permettant aux élèves de faire le point sur leurs acquis et d'identifier les capacités à mobiliser pour la réalisation des projets.

Nous espérons que Tutto bene! **1re année** représentera pour vous un outil riche et efficace et souhaitons qu'il vous procure, ainsi qu'à vos élèves, beaucoup de plaisir et de bonnes surprises.

Tutto bene? Allora aprite i libri!

Les auteurs

Tableau des contenus

Tâche intermédiaire	Projet final	Découverte
Représenter ce qu'est l'Italie pour soi.	Organiser un concours d'alphabet illustré.	• L'Italie • Les régions italiennes • L'alphabet italien
Participer à un jeu télévisé.		
Créer son équipe, puis jouer au jeu du pendu en italien.		

Tâche intermédiaire	Projet final	Découverte
Présenter un personnage européen célèbre.	**1** Présenter le Top 5 de ses destinations préférées. **2** Poster un message sur un forum de voyage. **3** Créer son profil Skype ou MSN. **4** Dialoguer sur une messagerie instantanée avec son correspondant italien.	• L'Europe • Les villes italiennes capitales européennes de la culture. • Les nouveaux trains à grande vitesse italiens. • Casanova, italien et européen. • Les langues européennes.
Speed-dating : trouver son compagnon de voyage idéal.		
Créer une publicité italienne pour une destination européenne.		

Tâche intermédiaire	Projet final	Découverte
Inventer sa journée d'école idéale et la présenter à la classe.	**1** Écrire une lettre pour se présenter à son futur correspondant. **2** Improviser une saynète sur l'accueil d'un nouvel élève. **3** Présenter son école idéale. **4** Préparer l'accueil de l'assistant(e) d'italien.	• L'école italienne • La ville de Pise • La *Piazza dei Miracoli* • Le lien entre une ville française, Nice, et l'Italie
Faire un sondage en classe.		
Écrire un article et créer le blog de la classe d'italien.		

Tâche intermédiaire	Projet final	Découverte
Jouer aux « fiches des loisirs ».	**1** Créer un dépliant avec un programme d'activités. **2** Avec son équipe, préparer un micro-trottoir. **3** Téléphoner à un(e) ami(e) pour organiser ensemble un week-end. **4** Créer un blog pour sa classe afin d'échanger avec les correspondants sur le thème des loisirs.	• Les loisirs des jeunes en Italie • La ville de Gênes • Les Cinque Terre • Christophe Colomb
Organiser la soirée de samedi au téléphone avec un ami.		
Créer la bande-son d'un spot publicitaire pour un parc aquatique.		

Tâche intermédiaire	Projet final	Découverte
Demander son chemin dans la ville.	**1** Donner des renseignements sur un itinéraire. **2** Réaliser et enregistrer de courts messages pour une borne interactive mise à la disposition des touristes italiens.	• La ville de Florence • Les moyens de transports à Florence et à Venise • la *Città ideale*
Écrire un article pour un blog sur la ville de Florence.	**3** Jouer au jeu de l'oie. **4** Réaliser un guide d'accueil sur sa ville pour les correspondants.	• Canaletto, *Il Buncintoro al Molo nel giorno dell'Ascensione* • Certaines habitudes des Italiens en ville
Présenter sa ville idéale.		

Tâche intermédiaire	Projet final	Découverte
Créer un super-héros à partir d'un personnage réel.	**1** Créer une planche de BD de super-héros. **2** Imaginer des dialogues d'une scène d'un film (la rencontre de deux super-héros) et interpréter la scène devant la classe.	• Le phénomène international des super-héros • Des super-héros « italiens » • La parodie
Inventer la biographie d'un super-héros comique.	**3** Écrire une page du journal intime d'un héros. **4** Organiser avec son correspondant un forum de discussion sur les super-héros favoris.	• Les héros mythologiques • Les chimères • Le centaure Chiron
Créer un animal fantastique.		• Le *cosplay* en italie

Tâche intermédiaire	Projet final	Découverte
Prendre une liste de courses en note et se préparer.	**1** Animer une émission de cuisine. **2** Créer la brochure d'une sagra. **3** Créer une publicité pour un produit italien.	• Les habitudes alimentaires des Italiens • Quelques recettes et quelques produits typiques italiens
Faire la voix-off d'une recette de cuisine.	**4** Réaliser le livre des recettes préférées de la classe pour les correspondants.	• La tradition des *sagre* • La région des Pouilles • La tarentelle
Créer un prospectus pour présenter un itinéraire gastronomique.		• Castel de Monte • Lecce et l'art baroque

Tâche intermédiaire	Projet final	Découverte
Présenter « sa » famille réelle ou imaginaire.	**1** Convaincre ses camarades sur le choix d'un logement pour des vacances entre amis. **2** Participer à un concours d'architectes en imaginant une maison de vacances.	• Les différents types de famille • Une série télé *I Cesaroni*
Faire la visite guidée d'une maison ou d'un appartement.	**3** Réaliser un diaporama pour présenter tes vacances idéales.	• Quelques hauts lieux du tourisme en Italie
Présenter ses vacances idéales.	**4** Proposer à son correspondant un road-trip en Italie.	

Mode d'emploi d'une unité

Une double-page d'ouverture

Un photo montage qui introduit le thème de l'unité et présente le personnage central de l'unité

Un court enregistrement qui introduit le thème de l'unité

Les **objectifs de communication**

Les **points de grammaire** abordés dans l'unité

Le **contenu culturel** de l'unité

Les **projets** proposés en fin d'unité

Trois doubles-pages Lezione

Des **dialogues** autour du personnage de l'unité

Des documents **vidéo authentiques**

Des boîtes de **lexique** illustrées

Des renvois à la piste des **CD classe et/ou élève** pour écouter le document en classe ou chez soi

Des renvois au **cahier d'activités** pour des activités complémentaires

Dans la **Lezione 3**, des documents audio, vidéo et écrits exclusivement authentiques

Des boîtes d'**aide lexicale** pour t'exprimer

Des **documents de nature très diversifiées**: littérature, forum, articles…

Les faits de grammaire (et de phonétique) rencontrés dans les documents

Un entraînement aux différentes **activités langagières** à travers l'exploitation des documents

Un renvoi à un **bilan** pour vérifier ses connaissances avant de réaliser la tâche

Une **tâche intermédiaire**, aboutissement de la leçon, préparant au projet final

La double-page Lingua in pratica

La partie **Grammatica** reprend les points de grammaire introduits dans les 3 leçons

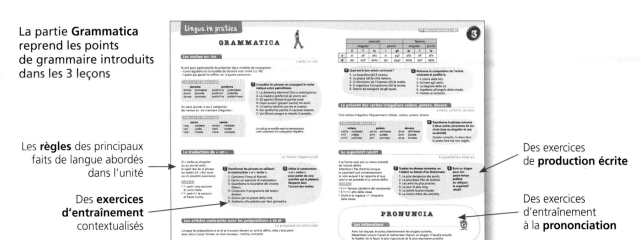

Les **règles** des principaux faits de langue abordés dans l'unité

Des **exercices d'entraînement** contextualisés

Des exercices de **production écrite**

Des exercices d'entraînement à la **prononciation**

Une page Per autovalutarsi

Une page Progetto finale

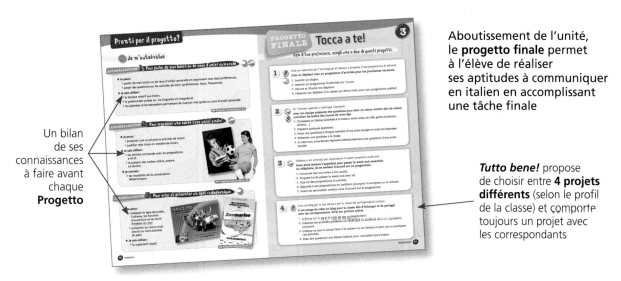

Un bilan de ses connaissances à faire avant chaque **Progetto**

Aboutissement de l'unité, le **progetto finale** permet à l'élève de réaliser ses aptitudes à communiquer en italien en accomplissant une tâche finale

Tutto bene! propose de choisir entre **4 projets différents** (selon le profil de la classe) et comporte toujours un projet avec les correspondants

Une double-page de civilisation : Scopriamo insieme

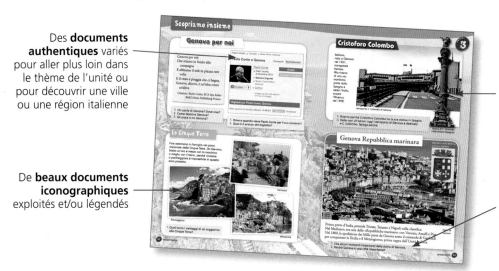

Des **documents authentiques** variés pour aller plus loin dans le thème de l'unité ou pour découvrir une ville ou une région italienne

Des **thématiques originales** (art, culture, histoire), pour aborder le thème de l'unité par de nouveaux angles

De **beaux documents iconographiques** exploités et/ou légendés

Des **pistes d'exploitation** pour chaque document

In classe

CD classe
piste 2

Vieni alla lavagna e scrivi...

Presenta il tuo progetto!

Professore? Per favore...

Professoressa? Può ripetere per favore? Non ho sentito...

Professore? Può ripetere per favore? Non ho capito...

Fa caldo, possiamo aprire la finestra, signora?

Sono in ritardo, mi scusi Signore!

Adesso facciamo quattro gruppi.

Lavorate in gruppo!

Lavora con i tuoi compagni di squadra!

Fatevi delle domande! Datevi delle risposte!

Segnate i compiti per la prossima volta!

LUNEDÌ 7 APRILE

PER GIOVEDÌ:
LEZIONE, IMPARARE A MEMORIA
LA FILASTROCCA

Ciao!

Arrivederci ragazzi!

Arrivederci!
ArrivederLa Professore!

Benvenuti

Benvenuti in Italia!

in Italia!

Dans cette unité

→ **Tu vas apprendre à**

- présenter à la classe ce que tu connais déjà sur l'Italie et la langue italienne.

- identifier des villes et des régions, des monuments, des personnes célèbres et des spécialités de l'Italie.

- prononcer à l'italienne quelques noms propres et mots courants.

- réciter l'alphabet italien et épeler des mots.

PROGETTO FINALE

Tu vas

- organiser un concours d'alphabet italien illustré par équipe puis y participer.

Per me l'Italia è...

1 **Leggi, parla e scrivi**

p. 3

Ti Amo

3

4

2

1

5

EMPORIO ARMAN

L'Italia è...

un monumento, come...

una città, come...

una specialità, come...

un personaggio, come...

una marca famosa, come...

una parola o un'espressione in italiano, come...

6

1. Associe chacune des photos à sa catégorie et présente-la en une phrase.

Exemple: «L'Italia è... un personaggio celebre come Pinocchio»

2. Avec ton équipe:

a. Essayez de trouver d'autres mots pour chaque catégorie et complétez la liste dans le cahier d'activités.

b. Avec l'aide de votre professeur, entraînez-vous à prononcer correctement les mots trouvés.

c. Présentez votre liste à la classe.

2 Osserva, ascolta e parla

CD classe 1 — piste 3
CD élève — piste 2
p. 3

1. Observe ces images et dis ce qu'elles représentent.

2. Écoute attentivement la liste de mots enregistrés.

3. **Avec ton équipe:**

a. Entraînez-vous à mémoriser les mots et à les prononcer correctement en italien.

b. Récitez cette liste correctement et le plus rapidement possible, devant la classe. L'équipe gagnante est celle qui aura récité plusieurs fois ces mots sans commettre de fautes.

PROGETTO INTERMEDIO

→ Consignes détaillées p. 21

Che cos'è l'Italia per te?

p. 2

Décore la première page de ton cahier d'activités.
En plus de l'aspect esthétique qui est à privilégier, tu devras donc faire preuve d'originalité et de créativité!

Una città, una regione

1 Guarda, leggi e parla

p. 4

Regarde la vidéo.

1. Retrouve sur la carte d'Italie les régions citées. Dans ton cahier d'activités, écris le numéro correspondant à l'ordre de passage des régions sur la vidéo.

2. Joue les présentateurs ! Regarde la vidéo « muette » et commente-la en disant le nom des régions représentées sur l'écran.

Ⓒ Ascolta e parla

CD classe
piste 4

CD élève
piste 3

p. 5

1 il teatro greco

2 Palazzo Vecchio

il Duomo

3

la Reggia

4

i trulli

5

la Fontana delle 99 cannelle

6

Écoute l'enregistrement.

1. Retrouve le prénom des personnes qui s'expriment.

2. Écoute de nouveau et relève où se trouve le monument représenté sur chaque photo. Ouvre ton cahier d'activités, et complète les légendes des photos.

3. Sers-toi de la carte complétée dans ton cahier d'activités et présente les plus beaux monuments d'Italie.

PROGETTO INTERMEDIO

→ Consignes détaillées p. 21

Partecipa a un gioco televisivo

Joue le rôle d'un présentateur TV ou celui d'un des candidats du jeu.

A, come...

🎧 ❶ Ascolta, scrivi e parla

CD classe piste 5 CD élève piste 4 p. 6

Apprends l'alphabet italien puis écoute la chanson de *L'abbiccì*.

1. Repère d'abord les mots associés à chaque lettre de l'alphabet puis complète la liste ci-dessous:

...ottore

...asa

...iore

...ccendino

...angia

...agnino

...avoro

...rida

...stintore

2. Avec ton équipe:

a. Essayez de compléter *L'abbiccì* avec les mots que vous connaissez déjà ou que vous venez d'apprendre.
Esempio: R... come regione

b. Inventez une autre chanson de *L'abbicì* à partir du thème de votre choix (villes, prénoms italiens, marques...). Toutes les lettres ne devront pas forcément être utilisées.

➤ Per aiutarti

L'alphabet italien est composé de 21 lettres
A - B (bi) - C (tchi) - D (di) - E (è) - F (effé) - G (dji) H (acca) - I (i) - L (ellé) - M (emmé) - N (enné) O (o) - P (pi) - Q (cou) - R (erré) - S (essé) - T (ti) U (ou) - V (vi) ou (vou) - Z (dzéta)
On peut trouver aussi les lettres J (i lunga), K (kappa), W (doppia vou), X (ics) et Y (i greca) dans des mots d'origine étrangère.
Les lettres sont au féminin en italien: la « *t* »...

🎧 ❷ Osserva, ascolta e gioca

CD classe piste 6 CD élève piste 5 p. 7

1. Observe la publicité.

a. Repère la lettre que l'enfant représente avec sa main. Que peut signifier son geste?

b. Avec ton équipe, participez à un jeu de rapidité sur les régions italiennes: un élève mime une lettre, les autres équipes devinent le nom de la région et l'épellent!

2. Écoute la publicité, puis ouvre ton cahier d'activités.

a. Repère les mots manquants.

b. Avec ton équipe, inventez un nouveau slogan pour les régions proposées en reprenant exactement la forme de la phrase du spot publicitaire.

FONETICA

CD classe piste 7 CD élève piste 6

La pronuncia italiana

Écoute la chanson. Répète, en français, les choses que tu as comprises ou retenues.

PROGETTO INTERMEDIO

➡ Consignes détaillées p. 21

Gioca all'impiccato!

Constitue ton équipe. Chaque équipe s'affronte ensuite au jeu du pendu en italien.

Progetti

PROGETTO INTERMEDIO 1 Che cos'è l'Italia per te

1. Complète la première page de ton cahier d'activités en la décorant avec des images, des mots ou des dessins qui, pour toi, représentent le mieux l'Italie.
2. En classe, présente chaque élément à tes camarades en précisant à quelle catégorie il appartient: «*Ciao! Mi chiamo… e per me l'Italia è…*»

→ Progetto intermedio p. 17

PROGETTO INTERMEDIO 2 Gioco televisivo

Joue le rôle d'un présentateur TV ou celui d'un des candidats du jeu:

1. Le présentateur doit inventer des questions en s'aidant de la carte d'Italie p.18.
2. Les joueurs qui donnent le plus rapidement la bonne réponse dans une phrase correcte gagnent un point à chaque question.
Exemple: *Come si chiama il monumento di… Dove si trova… In quale città si trova…*

→ Progetto intermedio p. 19

PROGETTO INTERMEDIO 3 La tua squadra

1. Constitue avec quelques camarades une équipe à laquelle vous devez donner un nom italien.
2. Chaque équipe se présente ensuite en proposant un mot pour chaque lettre du nom de l'équipe.
Exemple: *La nostra squadra si chiama Dolce & Gabbana: D come Dolomiti, O come Olivetti, L come…*
3. Jouez tous ensemble au jeu du pendu en italien.

→ Progetto intermedio p. 20

PROGETTO FINALE L'alfabeto italiano

Organisez un concours d'alphabet illustré.

1. Vous devez trouver, en temps limité, un maximum de mots commençant par une lettre différente. Les équipes rendent leur copie, le professeur désigne les vainqueurs.
2. À partir des mots trouvés par les vainqueurs du jeu 1, toute la classe complète, si nécessaire, l'alphabet.
3. Répartissez-vous les lettres entre chaque équipe et, à la maison, imprimez ou dessinez des illustrations pour en faire une affiche (par équipe) et présentez-la à la classe.
4. On pourra voter pour la plus belle affiche (qui pourra être exposée au CDI et les autres dans la salle d'italien).

Italia senza

frontiere

Dans cette unité

➤ Tu vas apprendre à
- te présenter.
- présenter quelqu'un.
- demander et donner des informations personnelles.
- présenter un pays.
- compter.

➤ Tu vas utiliser
- le masculin et le féminin.
- la phrase négative.
- le présent des verbes.
- les articles indéfinis.
- le pluriel des noms et des adjectifs.

➤ Tu vas découvrir
- les villes italiennes capitales européennes de la culture.
- les nouveaux trains à grande vitesse italiens.
- Casanova, italien et européen.
- les langues européennes.

PROGETTO FINALE

Tu vas choisir entre
 1 présenter le Top 5 de tes destinations préférées.

 2 poster un message sur un forum de voyage.

 3 créer ton profil Skype ou MSN.

 4 dialoguer sur une messagerie instantanée avec ton correspondant italien.

Amici europei

🎧 **1** Ascolta, osserva e parla

CD classe
piste 9

CD élève
piste 7

p. 8

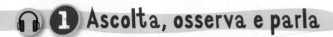

Ascolta le presentazioni degli amici di Matteo.

1. Metti le presentazioni in relazione con le foto.
2. Trova il nome e la nazionalità degli amici di Matteo.
3. Trova il paese e la città di residenza degli amici di Matteo.
4. Trova chi parla italiano, inglese e francese, chi adora l'Italia, chi adora il calcio e chi ha la passione dei viaggi.
5. **Con la tua squadra:**

   a. Ascoltate attentamente la descrizione di una delle foto e prendete appunti sul quaderno.

   b. Discutete delle informazioni trovate.

   c. Fate una presentazione orale dell'amico o dell'amica di Matteo.

LESSICO

CD classe
piste 10

p. 9

| l'Inghilterra (inglese) | la Grecia (greco/-a) | la Francia (francese) | il Portogallo (portoghese) | l'Italia (italiano/-a) | la Spagna (spagnolo/-a) | la Germania (tedesco/-a) | la Svizzera (svizzero/-a) |

il ragazzo/ la ragazza — il calcio — la squadra — il viaggio, viaggiare — il fratello/ la sorella — studiare

2 Giochiamo

Con la tua squadra:

1. Osservate il documento e formulate 5 domande sui personaggi.
2. Fate le domande alle altre squadre.
3. Segnate i punti di ogni squadra alla lavagna. Per una risposta corretta in una frase completa, vincete un punto.

Per aiutarti

Come si chiama il ragazzo / la ragazza…
Dove abita…?
Dov'è nato…?
In quale paese…?
Chi adora…?

3 Parla

Adesso presentati alla classe: nome, cognome, luogo di nascita e di residenza, passione…

GRAMMATICA → p. 30

Le masculin et le féminin p. 10

- un ragazzo, un amico, un paese
- una ragazza, un'amica, una capitale
- ragazzo inglese ▸ amico italiano
- ragazza inglese ▸ amica italiana

Observe les noms (ragazzo) et les adjectifs (inglese).
Par quelle(s) voyelle(s) se terminent-ils au masculin ?
Et au féminin ?

FONETICA → p. 31

CD classe
piste 12

Les voyelles

- europeo, Laura
- Francia, simpatico, incontra
- origine, capitale

Écoute l'enregistrement et observe les mots que tu entends.
Que remarques-tu sur la prononciation des voyelles ?

RICORDA

Per presentarti:

(io) mi chiamo / sono…
sono un / una…
abito / vivo a… in…
sono nato(-a) a… in…
parlo…
adoro…

Per presentare qualcuno:

(lui / lei) si chiama / è…
è un / una…
abita / vive a… in…
è nato(a) a… in…
parla…
adora…

PROGETTO INTERMEDIO → Autoévaluation p. 32

Presenta un personaggio europeo celebre (attore, sportivo…).

1. *Cherche la photo du personnage de ton choix.*
2. *Présente-le à la classe (prénom, nom, nationalité, lieu de naissance, de résidence, langues, passions).*

Nuove conoscenze

1 Leggi, ascolta e parla

CD classe — pistes 13-14 CD élève — pistes 9-10 p. 10

Matteo – Conversazione

File   Modifica   Azioni   Strumenti   ?

Matteo
>matteo@live.it<

matteo@live.it scrive:
Ciao! Parli italiano? Ti posso chiamare?

Kitty15@eircom.nel scrive:
Si, certo.

matteo@live.it scrive:
Con la webcam?

matteo@live.it desidera effettuare una videochiamata.
Rispondi (Alt+C)   Rifiuta (Alt+D)

Hai risposto alla chiamata.
Disconetti (Alt+Q)

Connessione stabilita.

☺ ▾   ☺ ▾   😎 ▾

[Invia]

1. Leggi il messaggio.
   Trova:
   a. Chi scrive?
   b. A chi scrive?
2. Ascolta la conversazione. A seconda della tua squadra rileva:
   a. Le informazioni che riguardano il ragazzo.
   b. Le informazioni che riguardano la ragazza.
   c. Le domande che si fanno tra di loro.

2 Osserva e parla

Telefona in Europa! Scegli il tasto corrispondente al paese che vuoi chiamare.

Esempio: «Il tasto numero 3 serve per telefonare in...»

TIM SENZA CONFINI EUROPA.
Il nuovo modo di viaggiare.

Solo con TIM quando ricevi telefonate in Europa non paghi più nulla. Come in Italia.

LESSICO
CD classe — piste 15   p. 12

lavorare

grande ≠ piccolo

fa caldo ≠ fa freddo

c'è il sole / piove

giovane ≠ vecchio(-a)

l'isola

Come stai?
- Benissimo. 😎
- Bene, grazie. ☺
- Non c'è male. / Così, così. 😐
- Male ☹

3 Giochiamo

1. Scrivi il tuo nome e il tuo numero di telefono su un foglietto.
2. Tira a sorte il numero di un compagno e leggilo senza dire il suo nome.
3. Il tuo compagno deve riconoscere il suo numero e rispondere: «Pronto!».

RICORDA

Impara a contare

0 zero	**5** cinque	**10** dieci	**16** sedici
1 uno	**6** sei	**11** undici	**17** diciassette
2 due	**7** sette	**12** dodici	**18** diciotto
3 tre	**8** otto	**13** tredici	**19** diciannove
4 quattro	**9** nove	**14** quattordici	**20** venti
		15 quindici	

4 Giochiamo insieme

Indovina chi è!
Con la tua squadra:

1. Scegliete un personaggio.
2. Le altre squadre vi fanno domande per indovinare chi è.
3. Potete rispondere solo con «sì» o «no».

Fabio - 15 anni
Venezia

Michal - 16 anni
Bratislava

Susan - 13 anni
Dublino

Lucie - 13 anni
Tolosa

Alessandro
17 anni - Napoli

Barbara - 14 anni
Marsiglia

Lene - 18 anni
Oslo

Tomas - 17 anni
Praga

GRAMMATICA

→ p. 31

p. 13

La phrase négative

Réponse courte: ▶ Sì! ▶ No!
Réponse longue: ▶ Sì, sono a Cork. ▶ No, sono figlio unico.
Forme négative: ▶ **Non** sei irlandese vero? ▶ No, **non** è una lingua facile.

Observe les mots no *et* non*. Peux-tu expliquer leur différence?*
Que remarques-tu sur la place du mot non *dans la phrase?*

Le présent de l'indicatif

▶ Che lingue **parli**?
▶ Quanti anni **hai**, Chiara?
▶ Dove **sei**, **vivi** in Irlanda per davvero?

Observe ces verbes que tu connais déjà. Peux-tu deviner la personne de conjugaison? Que remarques-tu?
Saurais-tu reconstituer la conjugaison des trois premières personnes de ces verbes?

FONETICA

CD classe
piste 16   p. 13

Les doubles consonnes

▶ freddo	▶ come
▶ viaggi	▶ nomi
▶ bella	▶ sole
▶ otto	▶ uno
▶ diciannove	▶ nove

Écoute l'enregistrement de ces deux listes de mots. Que remarques-tu sur la prononciation des doubles consonnes?

PROGETTO INTERMEDIO

→ Autoévaluation p. 32

Speed-dating: trova il tuo compagno/la tua compagna di viaggio ideale.

1. *Crée la carte d'identité d'un(e) jeune européen(ne) dont tu vas jouer le rôle.*
2. *Participe à un speed-dating chronométré pour faire la connaissance d'autres jeunes.*
3. *À la fin du speed-dating, annonce qui est ton compagnon/ta compagne de voyage idéal(e) et explique pourquoi.*

Benvenuti in Europa!

1 Leggi, osserva e parla

p. 14

1

Viaggiate da **europei**

RAILEUROPE

2

Osserva attentamente i due documenti.

1. Ritrova tutte le città italiane.
2. Associa al paese la/le città corrispondenti:
   Francia • Belgio • Inghilterra • Olanda • Spagna
3. Indica per quale immagine possiamo utilizzare le parole seguenti:

   l'aeroporto • la stazione ferroviaria • il treno • l'aereo • la valigia • la compagnia aerea

   Esempio: l'aereo per l'immagine numero 1.

2 Guarda e parla

p. 14

1. Che cos'è «Easyjet»?
2. Quali destinazioni offre ai clienti?
3. Cita un'attività possibile.

COSTRUIRE NUOVI RICORDI

cosa ti fa volare?

oltre 130 destinazioni dagli aeroporti principali per condividere i tuoi momenti con chi ami

italia ed europa
in corsa da

€30,50*
sola andata
a persona

europe by **easyJet**

3 Ascolta e parla

 CD classe piste 18   CD élève piste 12   p. 15

1. Ascolta e completa le schede nel quaderno d'attività.
2. Presenta ai tuoi compagni una di queste città.

4 Giochiamo insieme

Scegli una destinazione e immagina il prezzo del biglietto.
I compagni devono indovinare quanto costa.

Esempio:
- *Roma da...?*
- *28 euro?*
- *Più!*
- *30?*
- *Meno.*
- *29?*
- *Giusto!*

Vola più facile

Amsterdam da €29,99*

transavia.com

RICORDA

Impara a contare

20: venti	**32:** trentadue
21: ventuno	**33:** trentatré
22: ventidue	**40: quaranta**
23: ventitré	**50: cinquanta**
24: ventiquattro	**60: sessanta**
25: venticinque	**70: settanta**
26: ventisei	**80: ottanta**
27: ventisette	**90: novanta**
28: ventotto	**100: cento**
29: ventinove	**200: duecento**
30: trenta	**1000: mille**
31: trentuno	**2000: duemila**

GRAMMATICA

 → p. 30-31

Les articles indéfinis
p. 17

- un treno
- un aeroporto
- un'esperienza
- una stazione
- uno spot pubblicitario

Peux-tu identifier les articles indéfinis qui sont masculins et ceux qui sont féminins? Quelle est la différence entre un et un'?

Le pluriel des noms et des adjectifs

- un treno italiano → due treni italiani
- una ragazza spagnola → due ragazze spagnole
- un canale → due canali
- una capitale europea → due capitali europee

Quelle terminaison du singulier donne -e au pluriel?
Dans les autres cas, quelle est la marque du pluriel qui revient toujours?

FONETICA

CD classe piste 19 p. 17 → p. 31

L'accent tonique

Écoute la prononciation des mots suivants et repère sur quelles syllabes on insiste avec la voix:

- meta
- unica
- genere
- città
- visita
- Veneto
- canale
- Barcellona

Que remarques-tu sur la position des syllabes accentuées à l'intérieur de chaque mot?

PROGETTO INTERMEDIO

→ Autoévaluation p. 32

Crea una pubblicità italiana per una destinazione europea.

Crée une publicité italienne pour une destination européenne en associant un personnage célèbre de ton choix.

1. *Présente la ville en utilisant les expressions suivantes:*
   Vi presento la mia città: si trova in... È la capitale di... Le attività possibili sono: ...

Lingua in pratica

GRAMMATICA

Le masculin et le féminin: le genre des noms et adjectifs

Il maschile e il femminile: sostantivi e aggettivi

	masculin	féminin
majorité des cas	-o	-a
moins souvent	-e	-e
quelques rares cas	-a	

EXEMPLES

▶ amico italiano - amica italiana
▶ ragazzo francese - ragazza francese
▶ turista spagnolo - turista spagnola

1 Retrouve le genre opposé des expressions suivantes:

1. ragazza tedesca
2. amico greco
3. italiano felice
4. giovane spagnolo
5. francese simpatica
6. professore portoghese

Repère la voyelle finale!

La phrase négative

La negazione

Sa structure est identique au français: la négation *non* placée devant le verbe transforme une phrase positive en phrase négative
Attention: ne pas confondre *no* contraire de *si* (« non »/ « oui ») avec la négation *non* (« ne... pas »).
On peut trouver dans une réponse négative *no* suivi de *non*.

EXEMPLES

▶ Abita in Francia?
▶ No, non abita in Francia ma in Italia.

▶ Prendi il treno?
▶ No, preferisco l'aereo.

2 Transforme les phrases positives en phrases négatives.

1. Giulia è francese.
2. Laura abita a Nizza.
3. Matteo è nato in Irlanda.
4. Sono un ragazzo tedesco.

Le présent de l'indicatif

L'indicativo presente

Les terminaisons des verbes à l'infinitif permettent de les classer en 3 catégories:
-are (*abitare, adorare, presentare, parlare*) appartiennent au 1er groupe,
-ere (*vivere*) appartient au 2e groupe,
-ire (*sentire*) appartient au 3e groupe.
En revanche, *essere* comme *avere* sont deux verbes auxiliaires.

TABLEAUX DE CONJUGAISON

adorare	vivere	sentire
adoro	vivo	sento
adori	vivi	senti
adora	vive	sente
adoriamo	viviamo	sentiamo
adorate	vivete	sentite
adorano	vivono	sentono

essere	avere
sono	ho
sei	hai
è	ha
siamo	abbiamo
siete	avete
sono	hanno

Le pronom personnel sujet n'est pas nécessaire sauf pour insister.
En revanche, le pronom personnel réfléchi est obligatoire comme en français:

EXEMPLES

▶ *je m'appelle* → mi chiamo
▶ *il s'appelle* → si chiama

3 Complète les phrases suivantes:

1. Mi present..., mi chiam... Matteo. Son... italiano e h... molti amici.
2. Si chiam... Elliott.
3. Un amico spagnolo viv... a Barcellona.
4. Ador... i viaggi e part... quando un' occasione si present... .

4 Présente-toi à tes camarades.

Le pluriel des noms et des adjectifs

Il plurale dei sostantivi e degli aggettivi

Le passage au pluriel suit généralement le tableau ci-dessous :

	singulier	pluriel
masculin et féminin	-o/-e/-a	-i
féminin en -a	-a	-e
masculin/féminin	-e	-i

EXEMPLES

▶ amico italiano – amici italiani
▶ ragazza italiana – ragazze italiane
▶ aereo francese – aerei francesi
▶ compagnia francese – compagnie francesi
▶ turista spagnolo – turisti spagnoli
▶ turista spagnola – turiste spagnole

5 Quel est le pluriel de :
1. lingua straniera
2. aeroporto piccolo
3. itinerario interessante
4. stazione ferroviaria
5. treno veloce

6 Quel est le singulier de :
1. nomi europei
2. regioni italiane
3. artiste portoghesi
4. squadre inglesi
5. paesi bellissimi

Les noms et les adjectifs s'accordent chacun selon leur voyelle finale.

Les articles indéfinis

Gli articoli indeterminativi

masculin	féminin
un / uno	una / un'

uno s'emploie devant un nom ou un adjectif commençant par s- + consonne ou z-.

EXEMPLES

▶ un ragazzo bravo
 una ragazza brava
▶ uno sportivo straniero
 un' amica straniera

un' s'emploie devant un nom ou un adjectif féminin commençant par une voyelle.

7 Mets l'article indéfini qui convient.
1. amica greca
2. città inglese
3. quaderno d'italiano
4. altro paese
5. squadra azzurra
6. sportivo irlandese
7. zio americano

PRONUNCIA

Les voyelles

Au nombre de 5, les voyelles se prononcent de manière bien distincte : pas de e muet, u = [u], o = [ɔ] : *Europea*.
Les nasales n'existent pas en italien : *Francia*.

Les doubles consonnes

Les doubles consonnes doivent être prononcées avec plus de force que les simples consonnes. Il peut y avoir confusion si cette règle n'est pas respectée : *sono* (je suis) / *sonno* (sommeil).

L'accent tonique

Chaque mot a un accent tonique sur lequel la voix insiste, donnant ainsi un rythme musical à la langue italienne dite chantante ou mélodieuse, contrairement au français qui n'est que rarement accentué.
▶ La majorité des mots est accentuée sur l'avant-dernière syllabe : *ragazzo*, *amica*.
▶ Quelques-uns sur l'avant-avant-dernière syllabe : *simpatico*, *parlano*.
▶ Peu de mots sur la dernière syllabe (et dans ce cas seulement l'accent est écrit) : *città*.

Pronti per il progetto?

A1 Je m'autoévalue

AUTOÉVALUATION 1 Pour présenter quelqu'un

■ **Je sais indiquer :**
- son prénom et son nom
- sa nationalité
- sa ville et son pays de naissance
- sa ville et son pays de résidence
- les langues qu'il parle
- une de ses passions

■ **Je sais prononcer les voyelles.**

■ **Je connais le masculin et le féminin.**

→ Progetto intermedio p. 25

AUTOÉVALUATION 2 Pour faire connaissance

■ **Je sais demander et donner des informations sur :**
- le prénom et le nom
- la nationalité
- l'âge
- la ville et le pays de naissance
- la ville et le pays de résidence
- les langues parlées
- les pays préférés

■ **Je sais respecter la prononciation des doubles consonnes des mots que je prononce.**

■ **Je peux poser des questions en utilisant le bon mot interrogatif et avec la bonne intonation.**

■ **Je sais employer la phrase négative.**

■ **Je connais la conjugaison du présent de certains verbes et j'arrive à employer la forme correcte quand je m'exprime.**

→ Progetto intermedio p. 27

AUTOÉVALUATION 3 Pour présenter une ville

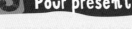

La Fontana di Trevi

■ **Je sais indiquer :**
- le pays
- la langue parlée

■ **Je peux citer :**
- une ou deux activités
- une ou deux caractéristiques (spécialités)

■ **Je sais utiliser :**
- les articles indéfinis (*un, uno, una, un'*)
- quelques phrases au pluriel

■ **Je sais respecter l'accent tonique des mots que je prononce.**

Roma
e il Vaticano

Il Colosseo

→ Progetto intermedio p. 29

PROGETTO FINALE

Tocca a te!

Con il tuo professore, scegli uno o due di questi progetti.

1

Presenta una classifica personale delle tue destinazioni europee preferite (paese, capitale, città, artisti o celebrità…).

Présente le top 5 de tes destinations européennes préférées en justifiant.

1. Choisis tes cinq destinations européennes préférées.
2. Présente les cinq destinations (ville, pays, activité possible, célébrité, monument éventuellement).
3. Tu peux justifier tes choix en utilisant le mot « *perché* » (parce que).

2

Scrivi un messaggio su un forum dedicato ai viaggi.

Tu as visité une ville européenne merveilleuse. Poste un message sur un forum de voyages.

1. Choisis une ville qui t'a beaucoup plu (ou que tu aimerais visiter).
2. Écris quelques phrases sur cette ville (exemple : *Venezia è una città favolosa, con la piazza San Marco e le gondole…*).
3. Copie ton message et poste-le sur un forum de voyages réel ou virtuel. Tu pourras aussi apporter en classe la version papier de ton message après l'avoir imprimé.

3

Crea il tuo profilo in italiano su Skype o MSN.

1. Connecte-toi à la messagerie italienne Skype ou MSN.
2. Inscris-toi en te laissant guider par les instructions d'installation.
3. Crée ton profil en italien (c'est-à-dire : donne, en italien, les informations te concernant).

4

Con il tuo corrispondente: partecipa a un dialogo su Skype o MSN.

Si tu as un correspondant italien, dialogue sur une messagerie instantanée avec lui.

1. Connecte-toi à Skype ou MSN.
2. Présente ta ville en italien.
3. Demande à ton correspondant italien des informations sur sa ville.

Città italiane capitali europee della cultura

Tre belle e grandi città italiane già premiate e tre altre
che aspettano il 2019.

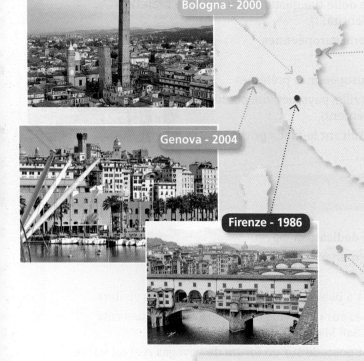

Bologna - 2000

Genova - 2004

Firenze - 1986

Venezia - 2019

Matera - 2019

Palermo - 2019

1. Ricerca i nomi delle regioni delle 3 città premiate.
2. Cita il nome di un'altra città italiana che per te è una capitale europea della cultura e che è assente nella classifica. In quale regione si trova? Cita un elemento (monumento, artista...) che giustifica la tua scelta.

Lingue europee
Come dire "buongiorno"?

Bulgaro	Dobro utro
Ceco	Dobré ràno
Danese	Gode Morgen
Estone	Tere hommikust
Finlandese	Hyvää huomenta
	Bonjour
	Kalimera
	Good morning
Irlandese	Dia dhuit
	Buongiorno
Lettone	Labrīt
Lituano	Labas rytas

Maltese	L-Għodwa t-Tajba
Neerlandese	Goedemorgen
Polacco	Dzień dobry
	Bom dia
Rumeno	Bună dimineaţa
Slovacco	Dobré ráno
Sloveno	Dobro jutro
	Buenos días
Svedese	God morgon
	Guten Morgen
Ungherese	Jó reggelt

• Completa l'elenco delle lingue d'Europa.

L'alta velocità

Il primo Thello
a Parigi

ITALO, un nuovo treno modernissimo, velocissimo e lussuoso per attraversare tutta l'italia (o quasi).

- Quali città conosci sul suo percorso?

THELLO, altro nuovo treno, dalla Francia all'Italia o dall'Italia alla Francia, una notte da sogno da Parigi a Roma o da Venezia a Parigi.

- In quali città famose (italiane o francesi) passa THELLO?

Casanova l'europeo

Casanova, nato a Venezia nel 1725, un grande viaggiatore, scrittore, diplomatico, spia e… rubacuori in tutta Europa!

Il Giovane Casanova (2002), di Giacomo Battiato con Stefano Accorsi

- Osserva la carta d'Europa. Cita i diversi paesi che Casanova conosce.

La nuova scuola

di Lisa

Dans cette unité

➡ **Tu vas apprendre à**
- parler de ton école
- présenter ta classe, tes camarades
- décrire ton emploi du temps
- parler des matières que tu aimes ou que tu n'aimes pas

➡ **Tu vas utiliser**
- l'expression de l'heure
- la traduction de « il y a »
- les articles définis
- le présent des verbes au pluriel
- la traduction de « aimer »
- le présent des verbes *andare, fare, stare*
- les adverbes de fréquence

➡ **Tu vas découvrir**
- l'école italienne
- la ville de Pise
- le lien entre une ville française, Nice, et l'Italie

PROGETTO FINALE

Tu vas choisir entre

1. Écrire une lettre pour te présenter à ton futur correspondant.

2. Improviser une saynète sur l'accueil d'un nouvel élève.

3. Présenter ton école idéale.

4. Préparer l'accueil de l'assistant(e) d'italien.

L'ora d'italiano

CD classe 1 — piste 24
CD élève — piste 16
p. 18

1 Ascolta e parla

Ascolta il dialogo.

1. Ritrova tutte le informazioni che puoi su Lisa.
2. Quali domande fanno gli alunni francesi a Lisa?
3. Ritrova tutte le informazioni sulla scuola in Francia e sulla scuola in Italia.

2 Leggi e parla

p. 19

La filastrocca della settimana

Lunedì torniamo a scuola

Martedì fate motoria

Mercoledì hanno disegno

Giovedì scappiamo in bagno

Venerdì c'è religione

Ma il sabato che confusione!

Ecco qua, che settimana

Tutta matta e un po' strana!

adapté de http://www.tanogabo.it/giorni_settimana.htm

Leggi la filastrocca della settimana.

1. Ritrova e recita i giorni della settimana.
2. Completa la filastrocca con l'ultimo giorno della settimana.

   La domenica...

3. Impara a memoria la filastrocca completa e recitala davanti alla classe.

4. Crea la tua filastrocca della settimana. Utilizza *c'è* / *ci sono*.

3 Osserva, leggi e parla p. 20

L'orario di Lisa in Italia (terza media)

Scuola media, Terza B, 2012-2013

RICORDA

8.00: la prima ora
9.00: la seconda ora
10.00: la terza ora
11.00: la quarta ora
12.00: la quinta ora

Per aiutarti

A che ora?
- ore 8.00 → alle otto
- ore 9.15 → alle nove e quindici / e un quarto
- dalle otto alle nove
- ore 11.30 → alle undici e trenta / mezzo

1. Guarda l'orario italiano di Lisa e fa' la lista:
   a. delle materie che avete in comune.
   b. di quelle che non avete in comune.

2. Indica quale giorno preferisci e perché.
   Esempio: Preferisco il sabato perché non c'è matematica.

3. Quali differenze vedi tra l'orario italiano e l'orario francese (ore, materie…)?
   In Francia, c'è…/non c'è…

GRAMMATICA → p. 44

La traduction de « il y a » p. 20

- c'è una nuova alunna
- c'è lezione tutta la giornata
- ci sono professori molto severi

Dans chaque exemple ci-dessus, retrouve les mots qui traduisent « il y a » en italien. Que remarques-tu ?
Avec ton équipe, essaie d'écrire une règle de grammaire simple à retenir.

Le présent des verbes aux personnes du pluriel

Repère dans le dialogue les verbes conjugués aux personnes du pluriel.
Classe-les selon la personne dans ton cahier d'activités.

FONETICA

Les sons [s], [ts] piste 26 p. 21

→ p. 45

Pizza/Pisa - Nizza/Lisa
inglese - francese - scienze
musica

Écoute l'enregistrement et observe les mots que tu entends.

Scioglilingua: entraîne-toi à prononcer les phrases suivantes :

A Lisa di Nizza
piace la pizza di Pisa.
A Lisa di Pisa
piace la piazza di Nizza.

PROGETTO INTERMEDIO

→ Autoévaluation p. 46

La giornata ideale di scuola: con la tua squadra, inventa e presenta l'orario ideale di una giornata.

1. *Inventez votre journée d'école idéale et présentez-la à la classe.*
   Elle doit comporter au moins 6 heures de cours et 5 matières différentes.
2. *Présentez votre proposition à la classe.*
3. *À la fin, chaque équipe devra voter pour la proposition la plus intéressante.*
   L'emploi du temps idéal à partir des meilleures propositions pourra être affiché sous la forme d'un panneau illustré.

C'è posta per te!

1 Ascolta, leggi e parla

 CD classe 1 · piste 28
 CD élève · piste 19
 p. 21

1. Ascolta il dialogo e indica:

a. quante persone parlano e qual è il loro nome.
b. di chi parlano.
c. perché accendono il computer.
d. due o tre parole che esprimono la delusione o l'entusiasmo.

Da : LisaP@yahoo.it
A : caro123@libero.it
Cc :
Oggetto : Eccomi!
▶ Pièces jointes : *Aucune*

Lucida Grande ▾ 11 ▾ **G** *I* S̲ T ☰ ☰ ☰ ☷ ☷ ☶ ☶ **IA** ▾ ◈ ▾ —

Ciao Carolina!!!

Come stai??? Come va al liceo?

Allora, che ti racconto? Da dove comincio... La scuola francese mi piace, è grande e moderna, luminosa, con un cortile immenso... Ogni giorno, la visito quasi tutta! Sai, qui gli alunni non restano tutta la giornata nella stessa aula, ma cambiano ad ogni ora di lezione: un'aula per il francese, un'altra per l'inglese, eccetera, eccetera. Le aule sono il mio incubo!!! 😫 Che fatica orientarsi! 😵

In classe, siamo in 26. Le ragazze sono simpatiche e disponibili. Certe sono più riservate. I ragazzi, ehm, un po' bambini, cercano di fare gli interessanti ma a me non interessano. Veramente, c'è un'eccezione: un ragazzo troppo carino che mi piace. 😍 Si chiama Vincent, ma per il momento non mi ha notata, uffa! 😔 L'unica cosa che so su di lui è che ha una passione per lo sport. I prof sono come tutti i prof, qualcuno mi piace, diciamo quasi tutti, adoro la prof di scienze (vabbè, lo sai che mi piacciono le scienze). Invece non mi piace quella di matematica... La grande novità che proprio non sopporto è restare a scuola anche il pomeriggio... Non mi piacciono i nuovi ritmi, preferisco gli orari italiani... In più con tutti i libri, lo zaino pesa 20 chili e gli zaini di certi miei compagni, 40!!!!

Ah, sì, ho una nuova amica, si chiama Émilie, è in classe con me e abita vicino a noi, torniamo a casa insieme. Non essere gelosa, è simpatica ma tu sei UNICA e INSOSTITUIBILE. 😛

Mi manchi tanto, Caro. 😞 Scrivimi presto. Un megabacione, TVBTT

Lisa

---

2. Leggi l'e-mail di Lisa e ritrova:

a. quanti alunni ci sono in classe.
b. tre parole per definire la scuola.
c. chi è la professoressa preferita di Lisa e la professoressa che detesta.
d. le qualità e i difetti dei ragazzi e delle ragazze della classe.

3. Con la tua squadra, a scelta:

a. ritrovate che cosa non piace a Lisa della scuola in Francia.
b. presentate Émilie.
c. presentate Vincent.

LESSICO

 CD classe 1 · piste 29

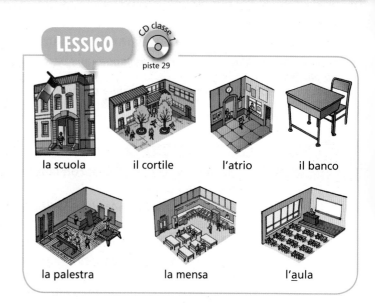

la scuola   il cortile   l'atrio   il banco

la palestra   la mensa   l'aula

I fantastici tre

Parla Paolo, un alunno di terza media.

Io, Marcos e il Golden Boy* formiamo una squadra perfetta fin dalla prima media. La nostra organizzazione è imbattibile, riusciamo sempre a passarci i compiti. Ma da quando Marcos non viene a scuola, siamo nei guai[1].

Stamattina c'è il primo compito di matematica dell'anno e senza di lui sarà dura
5 cavarsela[2]. Io non ho aperto libro e comunque sarebbe inutile. Per la matematica sono negato[3]. Penso di essere l'anti-matematica in persona. [...]

Io sono come ipnotizzato dal foglio davanti a me. Passa la prima ora senza che abbia risolto[4] alcun esercizio. [...]

Quando suona la campanella, la professoressa Zarri passa tra i banchi a ritirare i compiti. Ha i capelli
10 grigi, gli occhi penetranti e un'espressione che sembra voglia prenderti per il collo e azzannarti[5]. Una specie di dobermann: secondo me è la faccia perfetta per una prof di matematica.

Il suo soprannome è Zeta, perché la sua firma sembra proprio la zeta di Zorro.

Ci manca soltanto la maschera da giustiziera mascherata. Uff. Chissà se in qualche angolo del mondo esiste una prof di matematica dolce, carina e comprensiva...

Marco Innocenti, *La proteina dell'amore*, Giunti Junior, 2007

*È un soprannome. Il vero nome del personaggio è Giovanni.
1. *nous sommes dans le pétrin* - 2. *sans lui, ce sera difficile de s'en tirer* - 3. *je suis nul* - 4. *sans que je n'aie résolu* -
5. *on dirait qu'elle veut t'étrangler et te mordre*

1. **Leggi il testo e ritrova:**

   a. chi sono i membri della «squadra perfetta» e chi è il più bravo della squadra.

   b. dove si svolge la scena e cosa fanno i personaggi.

   c. le frasi che indicano che Paolo ha difficoltà in matematica.

   d. le caratteristiche della professoressa di matematica ideale.

2. **Con la tua squadra: rileggete il testo e trovate tutte le informazioni possibili sulla professoressa di matematica dei tre ragazzi.**

GRAMMATICA
→ p. 44-45

Les articles définis

▶ il banco → i banchi   ▶ lo zaino → gli zaini
▶ l'orario → gli orari   ▶ la ragazza → le ragazze
▶ lo sport → gli sport   ▶ l'aula → le aule

Observe bien les articles définis et la première lettre du mot qui suit. Essaie de déduire les règles d'emploi des articles définis.

La traduction d'« aimer »   p. 23

La nuova scuola mi piace. - C'è un ragazzo che mi piace. - Non mi piace quella di matematica. - Mi piacciono le scienze. - Non mi piacciono i nuovi ritmi.

Observe les exemples pour essayer de comprendre comment se construisent les phrases avec « piacere ».

PROGETTO INTERMEDIO

→ **Autoévaluation p. 46**

Fa' un sondaggio in classe e pubblica i risultati su un cartellone.

1. *Avec ton équipe, choisis un thème (école, matières, sports, ...) et écris 10 questions à poser à la classe pour connaître les goûts de tes camarades.*

2. *Notez et comptabilisez les résultats.*

3. *L'ensemble des sondages pourra être affiché sous la forme d'un grand panneau illustré.*

Per aiutarti
- preferisco (preferire)
- vado pazzo(a) per
- adoro (adorare)
- mi piace molto/tanto
- mi piace poco/un po'
- odio (odiare)

Vita di classe

p. 24

 1 Leggi e parla

Dimmi che banco scegli e ti dirò chi sei

Pubblicato da *Focus Junior*

Ogni anno, il primo giorno di scuola è una gara[1] a chi arriva prima per prendere il posto[2] preferito: prima fila, in mezzo, ultimo banco a destra. E tu che tipo sei?!

La posizione del proprio banco in aula è fondamentale: infatti, rappresenta chi sei, come sei fatto e quali sono i tuoi amici. Non è detto, però, che l'ultimo banco, il posto desiderato da tutti, sia il posto migliore. Scoprite perché!

Il primo banco:

[...] I professori non guardano mai quello che succede nelle prime file, ma sono sempre interessati alle ultime. Forse questa posizione è più strategica di quanto pensiate...

Il banco in mezzo:

Il posto perfetto! Ideale per chi vuole stare attento, ma senza avere il fiato del professore sul collo[3]. Se la lezione è noiosa si possono sempre scambiare due chiacchiere indisturbati[4] con il vicino[5] di banco.

L'ultimo banco:

Il posto più ambito, ma anche il più stupido! Infatti i professori sanno perfettamente cosa si cela dietro questo voler stare lontano[6] e durante i compiti in classe ronzano sempre intorno[7].

E tu che banco hai scelto? Forse sei ancora in tempo per cambiarlo...

http://www.focusjunior.it

_____

1. la competizione - 2. la posizione (in classe) - 3. *sans sentir le souffle du professeur dans le cou* - 4. *on peut toujours échanger deux, trois mots sans être dérangé* - 5. l'alunno che si trova a destra o a sinistra - 6. *ce qui se cache derrière cette volonté d'être loin* - 7. *(ils) rôdent toujours autour*

Leggi l'articolo.

1. Leggi l'introduzione e trova il tema dell'articolo.
   Cita due o tre parole per giustificare la tua risposta.
2. **Con la tua squadra a scelta:**
   Leggete uno dei tre paragrafi e rilevate gli aggettivi che caratterizzano il posto in classe.
3. Qual è il banco ideale? Qual è il banco da evitare? Perché?
4. Tu, dove ti trovi in classe? Ti piace il tuo posto? Perché? Secondo te, qual è il posto ideale?

🎧 ② Ascolta e parla

CD classe 1 — piste 31
CD élève — piste 21
p. 25

la tua classe

N3RD
SPORTIVO
SECCHIONE
CASINISTA
BRADIPO

LESSICO — CD classe 1 — piste 32 — p. 25

stare zitto
masticare la gomma
gli occhiali
la camicetta
i bei voti

1. Ascolta il messaggio introduttivo e presenta il documento (chi parla, a chi parla, e di che cosa?).
2. Leggi queste definizioni. Poi ascolta il documento e associa ogni categoria di studenti alla definizione giusta.
3. **Con la tua squadra:**
   Ascoltate ancora e rispondete vero o falso sul quaderno degli esercizi.

➡ **Per aiutarti**

taggare su Facebook
cliccare
fare casino
il computer
i videogiochi

1. il secchione	a. È un Geek, adora i videogiochi e il computer.
2. il n3rd (nerd)	b. Si considera più bravo di tutti perché fa molta attività fisica, è un campione.
3. lo sportivo	c. È un alunno intelligente, conosce tutte le risposte e alza sempre la mano.
4. il casinista	d. È uno studente lento, che dorme sempre durante le lezioni.
5. il bradipo	e. Si diverte molto durante le lezioni, è un alunno vivace che fa ridere i compagni di classe.

GRAMMATICA

Le présent des verbes irréguliers — p. 26 → p. 45
andare, fare, stare
▶ fa ridere
▶ sta sempre immobile

RICORDA

Les adverbes de fréquence

I professori non guardano mai le prime file.

Solitamente il bradipo è seduto agli ultimi banchi.

Il casinista decide molto spesso per gli altri.

Il secchione alza sempre la mano.

PROGETTO INTERMEDIO

→ Autoévaluation p. 46

 Scrivi un articolo e crea il blog della classe d'italiano.

Che tipo di alunno sei? Come trovi la tua classe? E i professori? Chi sono i tuoi compagni preferiti e perché? Scrivi tutto e condividi con i tuoi amici!

1. *Seul(e) ou en équipe, écris un petit article sur ta classe, tes amis, tes professeurs, ta personnalité en tant qu'élève.*
2. *Les articles pourront être mis en ligne sur un blog ou affichés dans la classe.*

Lingua in pratica

GRAMMATICA

La traduction de « il y a »

C'è / Ci sono

On utilise l'expression *c'è* suivie d'un singulier ou *ci sono* suivie d'un pluriel.

Le complément en français devient le sujet réel du verbe en italien, d'où l'accord.

EXEMPLES

▶ **C'è** una sola ora di religione.
▶ **Ci sono** due ore di francese.

1 **Complète les phrases suivantes avec *c'è* ou *ci sono*.**
1. … un'alunna italiana nella classe.
2. … nuovi professori quest'anno.
3. … molti posti nella mensa.
4. Non… tanti ragazzi interessanti.

2 **Traduire.**
1. Il y a une jeune fille sympathique.
2. Dans mon sac, il y a vingt kilos de livres et de cahiers.
3. Il y a aussi des cours l'après-midi.
4. Il y a un nouveau professeur.

Des verbes réguliers aux personnes du pluriel

Il presente dei verbi regolari al plurale

TABLEAUX DE CONJUGAISON

adorare	vivere	sentire
adoro	vivo	sento
adori	vivi	senti
adora	viva	senta
adoriamo	viviamo	sentiamo
adorate	vivete	sentite
adorano	vivono	sentono

essere	avere
sono	ho
sei	hai
è	hai
siamo	abbiamo
siete	avete
sono	hanno

3 **Transforme le verbe de ces expressions au pluriel.**
1. Mi manchi da morire.
2. Mi scusi per il ritardo?
3. Che ti racconto?
4. Da dove comincio?
5. Ogni giorno la visito.
6. Ha una passione.
7. Pratica tutti gli sport.
8. La conosco poco.

4 **Lisa et Emilie parlent de leurs camarades de classe. Écris leur dialogue en utilisant les verbes suivants :**

praticare - tornare
cominciare - restare
cambiare - cercare
essere - avere

Remarques : la terminaison commune -iamo à la 1re du pluriel ; les terminaisons en -te et -no aux deux personnes suivantes.

Les articles définis

Gli articoli determinativi

mots commençant par :	masculin			féminin	
	cons.	voy.	z- ou s- + cons.	voy.	cons.
singulier	il	l'	lo	l'	la
pluriel	i	gli		le	

EXEMPLES

▶ il ragazzo - l'alunno - lo zaino - l'alunna - la ragazza
▶ i ragazzi - gli alunni - gli zaini le alunne - le ragazze

5 **Retrouve le bon article défini singulier.**
1. … scuola italiana mi piace.
2. … compito non è difficile.
3. … esercizio di matematica mi ipnotizza.
4. … zaino è troppo pesante.

6 **Mets l'article défini pluriel devant les noms suivants.**
1. scuole
2. compiti
3. esercizi
4. zaini
5. alunne
6. aule

La traduction d'« aimer »

Piacere

Pour traduire le verbe « aimer » dans le sens d'apprécier ou aimer bien, on utilise le verbe **piacere** à la forme réfléchie : *mi piace*. Comme pour *c'è/ci sono,* on utilise le pluriel *mi piacciono* lorsque le complément (en français) est au pluriel.

EXEMPLES

▶ Mi piace la pizza. *La pizza me plaît. / J'aime la pizza.*
▶ Mi piacciono gli spaghetti. *Les spaghettis me plaisent. / J'aime les spaghettis.*
▶ Non mi piace il pesce. *Le poisson ne me plaît pas. / Je n'aime pas le poisson.*

7 Traduis les phrases.
   1. J'aime l'école.
   2. J'aime les sciences.
   3. J'aime tous les sports.
   4. Je n'aime pas les mathématiques.
   5. Je n'aime pas rester à l'école l'après-midi.

Le présent des verbes irréguliers *andare, fare, stare*

Andare, fare, stare

TABLEAUX DE CONJUGAISON

andare	vado	vai	va	andiamo	andate	vanno
fare	faccio	fai	fa	facciamo	fate	fanno
stare	sto	stai	sta	stiamo	state	stanno

8 Complète les phrases en utilisant les verbes *andare, stare, fare*.
   1. Con gli amici…
   2. Alle otto…
   3. Dopo la scuola…
   4. Il lunedì…

Les adverbes de fréquence

Mai, sempre, spesso…

Les plus fréquemment utilisés sont :
raramente - qualche volta - solitamente - spesso - sempre

9 Rédige quelques phrases pour expliquer ce que tu fais à l'école. Utilise les adverbes de fréquence.

L'heure

Che ora è?

À la question *Che ore sono?* ou *Che ora è?*, on répond :
• 8:00 - **Sono** le otto.
• 11:00 - **Sono** le undici.
• 12:00 - **È** mezzogiorno.
• 13:00 - **È** l'una.
• 0:00 - **È** mezzanotte.
• 3:15 - **Sono** le tre e un quarto.
• 8:45 - **Sono** le nove meno un quarto.

10 Raconte une journée ordinaire d'école en insistant sur l'horaire que tu dois respecter.

PRONUNCIA

CD classe 1
piste 33

Les sons [s], [ts]

Les sons (s) et (z) doivent être clairement différenciés :
▶ entre deux voyelles, -s- est doux (« z ») : *Pisa, Marisa, Lisa* ;
▶ en tête de mot, il est dur (« s ») : *sport, stadio, stupido* ;
▶ -z- est presque toujours prononcé « ts » : *pizza, tazza, pizzo,* parfois « dz » : *organizzazione, mezzo.*

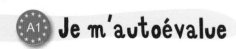

Pronti per il progetto?

A1 Je m'autoévalue

AUTOÉVALUATION 1 Pour présenter mon emploi du temps idéal

- **Je connais:**
  - les jours de la semaine;
  - le nom des matières scolaires en italien.

- **Je sais:**
  - utiliser les heures;
  - utiliser la traduction correcte d'« il y a » pour présenter les journées de cours;
  - utiliser la forme verbale adaptée;
  - indiquer si mon choix ressemble au système scolaire français ou italien.

- **Je sais prononcer:**
  - les sons [z] et [ts].

→ **Progetto intermedio p. 39**

AUTOÉVALUATION 2 Pour faire un sondage dans la classe

- **Je connais:**
  - le vocabulaire de l'école pour créer des questions.

- **Je peux:**
  - inventer et poser des questions sur le thème de l'école;
  - comprendre et prendre en note les réponses de mes camarades;
  - écrire les résultats du sondage au moyen de phrases complètes et correctes en italien.

- **Je sais utiliser:**
  - les articles définis, au singulier et au pluriel;
  - la traduction d'« aimer » (les structures *mi(ti) piace/mi(ti) piacciono*) à la forme affirmative et négative;
  - des adverbes de quantité (*un po'*, *molto*, *tanto*) pour nuancer et être précis quand j'exprime mes goûts.

→ **Progetto intermedio p. 41**

AUTOÉVALUATION 3 Pour écrire un article sur ma classe

- **Je connais:**
  - les adverbes de fréquence;
  - les adjectifs pour me qualifier, présenter mes camarades ou mes professeurs;
  - quelques verbes du domaine de l'école pour raconter ce que font les élèves.

- **Je sais:**
  - situer dans la salle de classe.

- **Je peux:**
  - écrire des phrases correctes pour décrire et raconter;
  - conjuguer les verbes étudiés aux personnes du pluriel du présent de l'indicatif.

→ **Progetto intermedio p. 43**

Con il tuo professore, scegli uno o due di questi progetti.

1

Scrivi una lettera per trovare un(a) corrispondente italiano(a).

Si ton professeur a trouvé une classe partenaire en Italie, écris une lettre de présentation pour avoir un correspondant:

1. Présente-toi en italien de façon approfondie.

2. Présente ton école, ta classe et ton emploi du temps.

3. Parle de tes goûts en général.

N'oublie pas de poser toutes les questions que tu souhaites à ton futur correspondant italien.

2

Scenetta improvvisata: un nuovo alunno italiano arriva in classe.

Avec ton équipe, prépare les fiches d'identité des personnages de la scène (nouvel(le) élève, professeur, élèves de la classe et les différents profils). Échangez vos fiches avec une autre équipe. Entraînez-vous à jouer la scène à l'aide des fiches, sans rien écrire, avant d'être évalués devant toute la classe.

La scène peut se dérouler de la façon suivante:

1. Accueil du/de la nouvel/le élève par le professeur.

2. Présentation du/de la nouvel/le élève.

3. Questions et réactions des élèves de la classe.

4. Échanges entre les élèves sur les thèmes de l'école en France et en Italie.

3

Immagina e presenta la scuola ideale per te.

Réalise un diaporama ou une affiche pour présenter ton école idéale. Présente ton document à la classe qui votera pour la meilleure création.

1. Description de l'école.

2. Présentation de la classe (effectif, type d'élèves, professeurs).

3. Présentation des matières étudiées et des horaires de cours.

4. Autres idées, remarques, conclusion.

4

Preparati ad accogliere l'assistente d'italiano.

Si un(e) assitant(e) d'italien arrive bientôt dans ton établissement, prépare son accueil avec ton équipe.

Chaque équipe pourra s'occuper d'une tâche précise:

1. Interview de l'assistant(e).

2. Présentation de l'école.

3. Présentation de la classe.

4. Exposé sur le système scolaire français.

5. Questions sur l'école en Italie.

Da Nizza...

Giuseppe Garibaldi

(Nizza, 1807 - Caprera, 1882) è un grande generale italiano. È famoso per le sue imprese militari in Europa e in America del Sud, ma per gli Italiani, è soprattutto il personaggio storico piu importante dell'Unità italiana, chiamata il Risorgimento.

Piazza Garibaldi a Nizza con la statua dell'eroe dell'Unità d'Italia, ricorda che prima del 1861, Nizza (come la Savoia) non era francese ma «italiana» (Regno di Piemonte).

1. Presenta il personaggio rappresentato nella foto e di' perché è un eroe per gli Italiani.
2. Sul modello di Piazza Garibaldi a Nizza, cita una via, una piazza o un monumento vicino a casa tua che ricorda l'Italia.

Teatro romano, Orange, Francia.

Maison Carrée, Nîmes, Francia.

Nizza

... a Pisa

A Pisa

A Pisa c'è una torre
pendente.
Sul prato c'è sempre
un sacco di gente
ad aspettare
che venga giù.
Allora, caschi?
Ma casca un po' tu!

Gianni Rodari, *Le filastrocche
del cavallo parlante*, Emme,
Milano 1970

«A Pisa, c'è una torre
famosa»: in realtà è il
campanile del Duomo vicino.
C'è anche un bel Battistero
e un cimitero (il Camposanto).
La piazza è chiamata
«Piazza dei Miracoli».

1. Descrivi tutto quello che vedi sulla foto.
2. Ricerca altri monumenti italiani famosi nel mondo intero. Indica dove si trovano.

Pisa

Arco di Traiano,
Algeria.

Mura di Adriano,
Inghilterra.

oggi?

Dans cette unité

➜ **Tu vas apprendre à**
- parler de tes activités en dehors de l'école (en semaine, pendant le week-end, en fonction des saisons)
- parler de tes passions

➜ **Tu vas utiliser**
- les verbes en *-ire*
- la traduction de « on »
- les articles contractés avec *a* et *di*
- les verbes irréguliers *volere, potere, dovere*
- le superlatif relatif

➜ **Tu vas découvrir**
- les loisirs des jeunes en Italie
- la ville de Gênes
- les Cinque Terre
- un personnage génois très célèbre

PROGETTO FINALE

Tu vas choisir entre

 1 Créer un dépliant avec un programme d'activités.

 2 Avec ton équipe, préparer un micro-trottoir.

 3 Téléphoner à un(e) ami(e) pour organiser ensemble votre week-end.

 4 Créer un blog pour ta classe afin d'échanger avec les correspondants sur le thème des loisirs.

Ma quant'è bello andare in giro!

1 Ascolta e parla

 CD classe 1 piste 35 CD élève piste 22 p. 27

Ascolta il dialogo e ritrova:

1. dove si trova Fabio e che cosa fa.
2. che giorno è e che ore sono.
3. che cosa fa Massimo.
4. il programma di Massimo e Fabio.

2 Ascolta, osserva e parla

  p. 28

Guarda il video e ritrova:

1. la domanda che il giornalista fa ai giovani.
2. la città e il luogo preciso in cui si trovano queste persone.
3. tutte le attività citate.
4. **Con la tua squadra:**
   concentratevi su un gruppo di studenti e completate la tabella sul quaderno d'attività.
5. e tu, cosa fai durante il tuo tempo libero?

LESSICO CD classe 1 piste 36 p. 29

I passatempi

praticare uno sport:
l'equitazione,
il ciclismo, lo sci...

suonare il pianoforte,
la chitarra

leggere

guardare la tv

usare il computer:
navigare su
Internet, chattare

uscire con gli amici

andare al cinema

fare un giro

fare teatro

disegnare,
dipingere

3 Leggi e scrivi

p. 29

BONO80.BA

Partecipante

🕐 4 giugno
ore 00:25

hobby dei giovani..........

CREDO CHE OGNI RAGAZZO ABBIA LA SUA PASSIONE O IL SUO HOBBY ... IO X ESEMPIO AMO MOLTO NAVIGARE SU INTERNET MAGARI PERDERE PARECCHIE ORE DEL MIO TEMPO LIBERO IN CHAT ... E ASCOLTARE UN PO' DI BUONA MUSICA CHE NON FA MAI MALE ... E VOI RAGAZZI COME AMMAZZATE IL VOSTRO TEMPO LIBERO?

👍 **mi piace** ✔✔✔✔✔

LAMORA79

Partecipante

🕐 4 giugno
ore 00:34

RE: hobby dei giovani..........

QUANDO HO TEMPO VADO FUORI CON GLI AMICI A FARE UN SACCO DI SPORT. ORA HO ABBANDONATO TUTTO MA CHI PUÒ SPERO CHE CONTINUI A FARE LO SPORT. X FORTUNA MI È RIMASTA LA MUSICA CHE MI ACCOMPAGNA E MI RILASSA OGNI SERA!!!!!

👍 **mi piace**

xMILUx

Partecipante

🕐 4 giugno
ore 00:35

RE: hobby dei giovani..........

IO NON HO MOLTI HOBBY, HO TANTO TEMPO LIBERO. MI PIACE GIRARE PER NEGOZI CON LA MIA AMICA, A VOLTE ANDIAMO IN PISCINA ASSIEME, POI MI PIACCIONO GLI ANIMALI, I GATTI, HO 2 MICETTE STUPENDE MI PRENDO MOLTA CURA DI LORO ... BACI BACI

👍 **mi piace**

http://gruppi.chatta.it

1. Quali sono le attività citate dai partecipanti del forum?

2. In quante categorie possiamo classificare queste attività? Trova e cita almeno tre categorie.

3. Fa' una tabella: associa per ogni categoria le attività corrispondenti e completa con altri esempi di attività che conosci.

4. Partecipa anche tu a questo forum e rispondi a Bono80.

GRAMMATICA ➡ **p. 58**

Les verbes en -*ire* p.30

> Più che altro dormo (dormire).
> Che cosa preferisci (preferire) tu?

Observe les verbes ci-dessus. Retrouve d'autres exemples de verbes en -ire dans les dialogues et essaye d'en proposer la conjugaison complète.

Certains se conjuguent comme dormire, d'autres comme preferire. D'autres (venire, uscire) ont une conjugaison irrégulière. À quelles personnes apparaît le suffixe -isc-?

La traduction de « on »

> Che cosa si fa? - Si esce. - Si dorme.

Observe les formes ci-dessus. À quelle personne est conjugué le verbe après le pronom si ?

PROGETTO INTERMEDIO

➡ **Autoévaluation p. 60**

Dimmi che cosa fai e ti dirò chi sei.

1. *Représente sur une « fiche des loisirs » (dessins, collages...) les différentes activités que tu pratiques en les classant par ordre de préférence.*
2. *En classe, le professeur ramasse les feuilles et les échange entre les équipes.*
3. *Chaque équipe présente à la classe une feuille et formule une hypothèse sur son véritable auteur.*
4. *Une fois l'auteur trouvé, l'équipe lui pose une ou plusieurs questions pour en savoir plus sur ses loisirs.*

Pianeta divertimento

 1 Ascolta e parla

 CD classe piste 37   CD élève piste 23   p. 31

1. Ascolta il dialogo e ritrova chi sono le persone che parlano.
2. Di quali amici parlano?
3. A seconda della squadra, ritrova:

   a. quali attività propongono i ragazzi e perché.

   b. quali attività non sono accettate e perché.

   c. dove vanno alla fine e perché.

LESSICO   CD classe piste 38   p. 31

tardi ≠ presto

lontano (da) / vicino (a)

il motorino   a piedi   l'angolo

2 Osserva, leggi e parla   p. 31

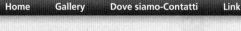

Home   Gallery   Dove siamo-Contatti   Link

Fate il vostro gioco con New Park

New Park [...] arriva in Italia con oltre 4000 mq di giochi per il tempo libero di tutta la famiglia. 14 piste da bowling, 20 tavoli da biliardo, decine di videogiochi, simulatore di realtà virtuale, sala *slot machines* e Golden Casinò! In più una speciale area bimbi di 600 mq[1], con tanti giochi per i più piccoli. New Park ti aspetta al primo piano del Centro Divertimenti di Fiumara: **New Park, new fun!**

http://www.fiumara.net/new-park.html

1. metri quadrati

Andiamo a giocare a bowling

Eccoci qui, tipico sabato sera in cui non si sa cosa fare. Poi magicamente qualcuno ha l'idea che svolta la serata: «Andiamo a giocare a bowling». A tutti torna l'entusiasmo e subito saliamo in macchina. [...] Così ci dirigiamo al centro divertimenti e ovviamente, ma c'era da aspettarselo, la sala giochi è strapiena.

Per giocare dobbiamo prendere il numero e aspettare che qualcuno finisca la partita. [...]
Anche se c'è molto da aspettare (almeno 45 minuti), per fortuna alla Fiumara ci si distrae facilmente, tra una partita ai videogiochi, un pezzo di pizza e qualcosa da bere. E per chi vuole tentare altre sfide ci sono anche i tavoli da biliardo.

Chiara Pieri, http://genova.mentelocale.it

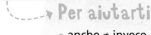

Per aiutarti

• anche ≠ invece

Leggi i due documenti.

1. Presenta tutte le attività possibili al New Park.
2. Secondo Chiara, quali sono i punti negativi di questo bowling? E quelli positivi?
3. Con un amico, mettete in scena una conversazione telefonica: un cliente telefona al bowling per avere informazioni.

3 Leggi, parla e scrivi

p. 32

Genova / Spettacoli / Cinema ■■■■■■■■■■■■■■■■■■■■■■■■■■■■■■■■■■■■■■■

Il rosso e il blu: al cinema si parla di scuola.

La presentazione a Genova

Martedì 25 settembre alle 21.15 al **Cinema Sivori**, **Giuseppe Piccioni**, uno dei più apprezzati e premiati registi italiani, incontra il pubblico genovese in occasione della proiezione del suo ultimo lavoro, *Il Rosso e il Blu*, uscito nei cinema italiani lo scorso weekend.

Piccioni [...] ritorna nelle sale con **una commedia corale sul mondo della scuola**, liberamente ispirata all'omonimo libro di **Marco Lodoli**, edito da Einaudi.

Piccioni si affida ancora una volta alla sua *musa ispiratrice*, **Margherita Buy**, già diretta cinque volte, affiancandole **Riccardo Scamarcio** e **Roberto Herlitzka**.

© copyright Mentelocale Srl,http://genova.mentelocale.it/

«EMOZIONANTE, DIVERTENTE E APPASSIONATO, QUELLO DI PICCIONI È IL FILM CHE NON TI ASPETTI.»

1. Leggi l'articolo e ritrova:
   a. il titolo e l'argomento del film presentato.
   b. il luogo e la data della sua presentazione.
   c. i nomi del regista e degli attori principali del film.
   d. il nome dell'autore del libro che ha ispirato il film.
   e. due o tre aggettivi sul film.

2. Scrivi anche tu un breve articolo per presentare alla classe un film che ti piace. Cerca su internet tutte le informazioni utili e spiega anche perché ti piace.

GRAMMATICA

 → p. 59

p. 33

Les articles contractés avec les prépositions *a* et *di*

▶ al primo piano del centro divertimenti - all'angolo - un professore di storia dell'arte - alla cassa - in occasione della proiezione

En italien, certaines prépositions fusionnent avec l'article défini qui suit. Observe ces exemples et retrouve l'article défini qui a fusionné.

di + ... = del

Le présent des verbes irréguliers *volere, potere, dovere*

▶ Fabio, tu che vuoi fare? - Possiamo andare all'Odeon. - Devo ritrovare Jessica.

Dans le dialogue, retrouve d'autres personnes de la conjugaison de ces verbes.

PROGETTO INTERMEDIO

→ Autoévaluation p. 60

Organizza la serata con un amico.

Téléphone à un(e) ami(e) afin d'organiser avec lui (/elle) le programme de votre soirée du samedi.
1. *Propose plusieurs activités et justifie tes choix pour convaincre ton interlocuteur.*
2. *Accepte ou refuse ses propositions en justifiant et propose des activités alternatives.*
3. *À la fin de la conversation vous devez vous être mis d'accord sur le programme*

Week-end con i tuoi...

1 Guarda, ascolta e parla

p. 34

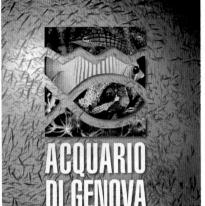

Con la tua squadra:

1. Ascoltate attentamente la voce off del video.

   a. Secondo la voce fuori campo, perché l'acquario di Genova è impressionante?

   b. Giustificate le vostre risposte citando le frasi che avete sentito. La squadra che dà più risposte vince!

2. Adesso ripetete, con lo stesso tono, le frasi che avete trovato.

Per aiutarti

- ti immergerai: *tu plongeras*
- vedrai: *tu verras*
- ti aspettano: *t'attendent*
- il pesce: *le poisson*

2 Osserva, leggi e scrivi

p. 34

Lo squalo

Mamma è a scuola e come al solito non tornerà prima delle quattro e mezza. Papà è da un cliente a Genova. [...]
Ha telefonato per dire che rientrerà per cena. «La prossima volta ti porto con me» ha affermato con tono baldanzoso[1] «Così poi andiamo insieme a
5 visitare l'Acquario di Genova. Che ne dici?»
«È molto grande, vero?»
«Sì. È il più grande d'Italia e uno dei più grandi d'Europa, insieme all'Oceanario di Lisbona. Ci sono i pinguini, le foche, i delfini…»
«Ma i pescecani ci sono?»
10 «I pescecani[2]…» ripete mio padre. Esita. Poi dice: «Mah, credo di sì». [...]
Mi interessano gli squali. Qualche mese fa mio padre mi ha fatto vedere «Lo squalo», il vecchio film di Spielberg, e sono rimasto[3] impressionato.
La notte non ci ho dormito sopra. Poi però me lo sono rivisto altre due volte con Marcos e il Golden Boy! È il mio film preferito. Ho fatto delle ricerche
15 per saperne di più sugli squali. In tutto il mondo esistono quattrocento specie di squali ma quelle che attaccano direttamente l'uomo senza provocazione sono appena quattro. Comunque, non è che gli squali mangino spesso, perché il loro apparato digerente[4] funziona molto ma molto lentamente. Uno squalo bianco, dopo essersi pappato un pesce di grandi dimensioni[5], può stare più di due mesi senza mangiare!
Io invece ho fame ogni due ore…

Marco Innocenti, *La proteina dell'amore*, GIUNTI Junior, 2007

1. *avec un ton plein d'assurance* - 2. gli squali - 3. sono restato - 4. *leur appareil digestif* - 5. *après avoir englouti un gros poisson*

1. Leggi il testo e ritrova:

   a. tutte le informazioni sull'acquario citato nel testo.
   Quali sono le specie di animali che si trovano in questo acquario?
   b. ritrova le informazioni sul film.
   c. le informazioni sugli squali.

2. Cita il titolo di un film che ti piace e scegli due o tre aggettivi per presentarlo.

3 Leggi e parla

p. 36

PARCO ACROBATICO SU FUNE[1]

Via Forte Monte Guano
Genova Coronata (GE), Liguria, 16152, Italy
Telefono: +39 339.53.09.625
Sito Web: http://www.superheavypark.it

SuperHeavy Park Parchi Avventura
è il parco fra gli alberi attivo a Genova.

✔ Il nostro parco avventura comprende un percorso di un kilometro ricco di prove pensate per darvi progressivamente sempre nuove occasioni di divertimento. I preparati istruttori di **Parchi Avventura** SuperHeavy Park vi sveleranno i segreti per affrontare le varie prove che il percorso vi proporrà e vi accompagneranno per tutta la lunghezza dello stesso, fino a che non intraprenderete la nostra adrenalinica tirolese da 240 metri.

✔ Il percorso del quale disponiamo ora è destinato ad adulti e bambini sopra i dodici anni e più alti di 150 cm.

✔ Il Parco avventura SuperHeavy Park è, però, in continua evoluzione e si espanderà presto con un percorso adatto anche ai bambini integrato al Parco Educativo Sulle Energie Alternative (P.E.S.E.A).

Venite a vivere l'avventura con noi a Genova: vi aspettiamo!

---

1. *corde, câble* - 2. *accessible* - 3. *des hauteurs importantes*

DATE DI APERTURA
Apertura da aprile 2012

LOCALIZZAZIONE
Raggiungibile[2] dai caselli di Genova Aereoporto e Genova Ovest in pochi minuti e grazie alla linea AMT 62, con capolinea a 20 metri dal parco

COSA CI PIACE
Parco Avventura, caratterizzato da una forte connotazione "adrenalinica", composto da passaggi molto lunghi ed a quote significative[3]

PREZZI
20 € a persona con riduzione per i gruppi sopra le 10 persone.

GESTITO DA
Forme di Energia Soc. Coop. a.r.l con Amministratore Yuri Montaldo

---

1. Con la tua squadra, ritrovate:

    a. le indicazioni sulla localizzazione del parco (città, indirizzo, linea bus per andarci).

    b. Il prezzo a persona.

    c. le caratteristiche del parco (il tipo di parco, a chi è destinato, la lunghezza del percorso).

    d. le attività che si possono fare in questo parco.

2. Presentate il parco. Vince la squadra che è stata più precisa e organizzata nella sua presentazione!

Non dimenticate di essere convincenti e di far venire voglia ai vostri compagni di visitare questo parco!

GRAMMATICA

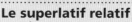 ➡ p. 59

p. 36

Le superlatif relatif

▸ È il più grande d'Italia.
▸ Uno dei più grandi d'Europa
▸ È l'acquario più grande d'Italia.
▸ Sono le specie meno aggressive.

Observe les phrases. Quelle différence constates-tu par rapport au français?

Comment dirais-tu?
– Lo squalo est le film le plus connu de Spielberg.
– Ce sont les poissons les plus grands.

PROGETTO INTERMEDIO

➡ Autoévaluation p. 60

Con la vostra squadra, guardate lo spot per il parco acquatico e create la colonna sonora.

1. *Rédigez le message publicitaire en indiquant : le nom et la ville, les personnes avec qui on peut venir, les divertissements et les animations proposés, la saison, les horaires, le prix par personne. Vous pouvez clore le spot avec un slogan.*

2. *Choisissez une musique qui est à l'image du rythme du spot.*

3. *Vous pouvez vous enregistrer et faire écouter votre travail à la classe.*

GRAMMATICA

Les verbes en *-ire*

I verbi in -ire

Ils ont pour particularité de présenter deux modèles de conjugaison :
– l'une régulière sur le modèle de *dormire* (voir Unità 2 p. 44)
– l'autre qui ajoute le suffixe *-isc-* à quatre personnes.

TABLEAUX DE CONJUGAISON

dormire		preferire	
dormo	dormiamo	preferisco	preferiamo
dormi	dormite	preferisci	preferite
dorme	dormono	preferisce	preferiscono

On peut ajouter à ces 2 catégories
des verbes en *-ire* vraiment irréguliers :

TABLEAUX DE CONJUGAISON

uscire		venire	
esco	usciamo	vengo	veniamo
esci	uscite	vieni	venite
esce	escono	viene	vengono

1 Complète les phrases en conjuguant le verbe indiqué entre parenthèses.

1. La domenica (dormire) fino a mezzogiorno.
2. La maestra (preferire) gli alunni seri.
3. Gli sportivi (finire) la partita tardi.
4. Dopo scuola i giovani (uscire) tra amici
5. Un'amica (venire) con me al cinema.
6. Noi (preferire) partire in vacanza insieme.
7. Voi (finire) sempre in ritardo il compito.

*Le radical se modifie mais les terminaisons
sont conformes à la conjugaison régulière.*

La traduction de « on »

Le forme impersonali

Si + verbe au singulier
ou au pluriel selon
le sujet réel de la phrase
en italien (cf. *c'è/ci sono*
ou *mi piace/mi piacciono*).

EXEMPLES

▶ *Si canta* una canzone
di Lucio Dalla.
▶ *Si cantano* le canzoni
di Paolo Conte.

2 Transforme les phrases en utilisant la construction « *si* + verbe ».

1. Cantiamo l'Inno di Mameli.
2. Fanno un esercizio di matematica.
3. Guardiamo le locandine del cinema Odeon.
4. Comprano il programma del teatro Ariston.
5. Girano per le piazze della città.
6. Andiamo alla palestra per fare ginnastica.

3 Utilise la construction « *si* + verbe » pour parler de cinq activités qui te plaisent. Respecte bien l'accord des verbes.

Les articles contractés avec les prépositions *a* et *di*

Le preposizioni articolate

Lorsque les prépositions *a* et *di* se trouvent devant un article défini, elles s'articulent
avec celui-ci pour former un mot nouveau : l'article contracté.

	masculin					féminin		
	singulier			pluriel		singulier		pluriel
	il	l'	lo	i	gli	la	l'	le
a	al	all'	allo	ai	agli	alla	all'	alle
di	del	dell'	dello	dei	degli	della	dell'	delle

4 Quel est le bon article contracté ?

1. La locandina (di) **il** cinema.
2. Le piazze (di) **le** città italiane.
3. Ci ritroviamo (a) **l'**ingresso (di) **lo** stadio.
4. Si organizza il programma (di) **la** serata.
5. Danno da mangiare (a) **gli** squali.

5 Retrouve la composition de l'article contracté et justifie-la.

1. Il colore delle bici.
2. Scrivere agli amici.
3. La stagione dello sci.
4. Aspettare all'angolo della strada.
5. Vietato ai motorini.

Le présent des verbes irréguliers *volere, potere, dovere*

volere, potere, dovere

Trois verbes irréguliers fréquemment utilisés : *volere, potere, dovere.*

TABLEAUX DE CONJUGAISON

volere		potere		dovere	
voglio	vogliamo	posso	possiamo	devo	dobbiamo
vuoi	volete	puoi	potete	devi	dovete
vuole	vogliono	può	possono	deve	devono

6 Transforme la phrase suivante à deux autres personnes de ton choix (une au singulier et une au pluriel).

Questo compito, lo devo fare, lo posso fare ma non voglio.

Le superlatif relatif

Il superlativo relativo

Il se forme avec *più* ou *meno* précédé de l'article défini.
Attention ! Pas d'article lorsque le superlatif suit immédiatement le nom auquel il se rapporte et que celui-ci est précédé d'un article défini.

EXEMPLES

▷ Il **più** famoso calciatore del campionato
▷ Il **meno** alto della classe
▷ Giulia è la ragazza **più** simpatica della classe.

7 Traduis les phrases suivantes, en t'aidant au besoin d'un dictionnaire.

1. Le plus dangereux des sports.
2. Le plus beau film du festival.
3. Les amis les plus proches.
4. Le jour le plus long.
5. La soirée la plus chaude.
6. La moins chère des activités.

8 Écris un slogan pour ton passe-temps préféré en utilisant le superlatif relatif.

PRONUNCIA

CD classe
piste 39

Les intonations

Avec ton équipe, écoutez attentivement les slogans suivants.
Répartissez-vous le travail et mémorisez chacun un slogan. Il faudra ensuite le répéter de la façon la plus rigoureuse et la plus expressive possible.

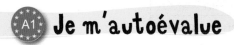
Pronti per il progetto?

A1 Je m'autoévalue

AUTOÉVALUATION 1 — **Pour parler de mes loisirs ou de ceux d'un(e) camarade**

■ **Je peux:**

▶ parler de mes loisirs ou de ceux d'un(e) camarade en exprimant mes (ses) préférences.

▶ poser des questions sur les activités de loisir (préférences, lieux, fréquence).

■ **Je sais utiliser:**

▶ le lexique relatif aux loisirs.

▶ le présent des verbes en *-ire* (réguliers et irréguliers).

▶ les adverbes et les expressions permettant de nuancer mes goûts ou ceux d'un(e) camarade.

 ➜ Progetto intermedio p. 53

AUTOÉVALUATION 2 — **Pour organiser une soirée avec un(e) ami(e)**

■ **Je peux:**

▶ proposer une ou plusieurs activités de loisirs.

▶ justifier mes choix en matière de loisirs.

■ **Je sais utiliser:**

▶ les articles contractés avec les prépositions *a* et *di*.

▶ le présent des verbes *volere, potere* et *dovere*.

■ **Je connais:**

▶ les modalités de la conversation téléphonique.

 ➜ Progetto intermedio p. 55

AUTOÉVALUATION 3 — **Pour créer et présenter un spot radiophonique**

■ **Je peux:**

▶ indiquer le type de public, l'adresse, les horaires d'ouverture et les tarifs d'entrée du parc.

▶ présenter au moins trois atouts ou trois activités du parc.

■ **Je sais utiliser:**

▶ le superlatif relatif.

 ➜ Progetto intermedio p. 57

Tocca a te!

Con il tuo professore, scegli uno o due di questi progetti.

Crea un volantino per l'Arciragazzi di Genova e presenta il tuo programma di attività.

Crée un dépliant avec un programme d'activités pour les prochaines vacances.

1. Invente un slogan.
2. Invente un programme d'activités sur 3 jours.
3. Décore et illustre ton dépliant.
4. Présente ton dépliant à la classe qui devra voter pour son programme préféré.

Fa' l'inviato speciale e interroga i passanti.

Avec ton équipe préparez des questions pour faire un micro-trottoir afin de mieux connaître les loisirs des jeunes de votre âge.

1. Choisissez un thème (activités à la maison, entre amis, en ville, goûts musicaux, cinéma…).
2. Préparez quelques questions.
3. Posez vos questions à chaque membre d'une autre équipe et notez les réponses.
4. Présentez une synthèse à la classe.
5. À votre tour, vous devrez répondre individuellement aux questions d'une autre équipe.

Telefona a un amico(a) per organizzare il vostro prossimo week-end.

Deux amis italiens s'appellent pour passer le week-end ensemble. Au téléphone, ils se mettent d'accord sur un programme.

1. Demande des nouvelles à ton ami(e).
2. Propose-lui de passer le week-end avec toi.
3. Fais-lui des propositions d'activités.
4. Réponds à ses propositions en justifiant pourquoi tu acceptes ou tu refuses.
5. Avant de raccrocher, mettez-vous d'accord sur le programme.

Crea un blog per la tua classe e per la classe dei corrispondenti italiani.

Il est temps de créer un blog pour ta classe afin d'échanger et de partager avec les correspondants. Écris ton premier article.

1. Indique qui tu es et le nom de ton correspondant.
2. Présente tes activités préférées ou celles que tu aimerais faire en expliquant pourquoi.
3. Indique ce que tu aimes faire à la maison ou en dehors et avec qui tu pratiques ces activités.
4. Pose des questions aux élèves italiens pour connaître leurs loisirs.

Scopriamo insieme

Genova per noi

Genova per noi
Che stiamo in fondo alla
  campagna
E abbiamo il sole in piazza rare
  volte
E il resto è pioggia che ci bagna.
Genova, dicevo, è un'idea come
  un'altra

Citation: Paolo Conte, RCA Spa Italie/
  BMG Music Publishing France.

Pagina iniziale > Concerti > Paolo Conte a Genova

Paolo Conte a Genova   Concerti   Partecipante

Paolo Conte
> Data: lunedi,
  3 dicembre 2012
> Genova (Liguria)
> Teatro Carlo Felice
  Genova
> Cartina

f Mi piace   5

Andrò

Compra i biglietti

+ Aggiungi alla mia agenda
+ Trova un alloggio

Biglietti per Paolo Conte, Genova

Altre opzioni di vendita ufficiale € 45.81   Compra   Vivaticket

1. Chi parla di Genova? Dove vive?
2. Come descrive Genova?
3. Gli piace o no Genova?

1. Dove e quando viene Paolo Conte per il suo concerto?
2. Qual è il prezzo del biglietto?

Le Cinque Terre

Fine settimana in famiglia nel parco
nazionale delle Cinque Terre. Da Genova,
basta un'ora e mezzo con la macchina
o meglio con il treno, perché circolare
o parcheggiare è impossibile in questa
zona protetta.

Vernazza

Riomaggiore

Manarola

• Quali sono i vantaggi di un soggiorno
  alle Cinque Terre?

Cristoforo Colombo

Italiano,
nato a Genova
nel 1451,
navigatore
famoso.
Alla ricerca
di una via
marittima
parte dalla
Spagna e
verso l'India,
scopre
l'America
nel 1492.

Aeroporto C. Colombo di Genova

Statua di C. Colombo
a Barcellona (Spagna)

1. Ricerca perché Cristoforo Colombo ha la sua statua in Spagna.
2. Dalle navi all'aereo: oggi l'aeroporto di Genova è dedicato
   a C. Colombo. Spiega perché.

Genova Repubblica marinara

Bandiera della Marina
militare italiana

Porto di
Genova

Primo porto d'Italia, precede Trieste, Taranto e Napoli nella classifica.
Nel Medioevo, era una delle «Repubbliche marinare» con Venezia, Amalfi e Pisa.
Nel 1860, la spedizione dei Mille parte da Genova sotto il comando di Garibaldi
per conquistare la Sicilia e il Mezzogiorno, prima tappa dell'Unità Italiana.

1. Cita alcuni momenti importanti della storia di Genova.
2. Perché Genova è una città importante?

città

Dans cette unité

➜ **Tu vas apprendre à**
- demander et donner des indications sur un itinéraire
- parler des moyens de transport que tu utilises et que tu n'utilises pas
- faire un achat simple

➜ **Tu vas utiliser**
- la forme de politesse
- les articles contractés (2)
- les adjectifs possessifs
- le superlatif absolu
- des pluriels irréguliers (1)

➜ **Tu vas découvrir**
- la ville de Florence
- des moyens de transports originaux
- certaines habitudes des Italiens en ville

PROGETTO FINALE

Tu vas choisir entre

1 Donner des renseignements sur un itinéraire.

2 Réaliser et enregistrer de courts messages pour une borne interactive mise à disposition de touristes italiens.

3 Jouer au jeu de l'oie sur des situations que tu pourrais rencontrer en tant que touriste dans une ville italienne.

4 Réaliser un guide d'accueil sur ta ville pour les correspondants.

Per andare dove dobbiamo andare...

👁 **1** Leggi e parla 📖 p. 37

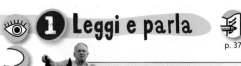

Muoversi a Firenze

A piedi

A Firenze l'uso dell'auto privata è praticamente sconsigliato, considerate le dimensioni del centro storico, facilmente percorribile a piedi, [...] da parte del turista che ama vivere la città a misura d'uomo.

In bus

Il trasporto urbano è gestito dalle Aziende ATAF e LI-NEA e viene offerto con autobus dal colore arancio facilmente riconoscibile. I biglietti e gli abbonamenti sono acquistabili nei punti vendita autorizzati quali: bar, tabaccherie, edicole nonchè presso il box ATAF di Piazza della Stazione.

In auto

Firenze presenta un centro storico molto raccolto, non adatto alla circolazione delle auto. Tutta la zona adiacente piazza del Duomo è una grande isola pedonale.

In bici

La bicicletta è un valido mezzo di trasporto a Firenze, soprattutto nel centro storico chiuso al traffico automobilistico. La città è dotata di una rete di piste ciclabili ampia, per muoversi in sicurezza. Se non hai con te la tua bicicletta, puoi noleggiarne una direttamente in città.

In Segway

Il Segway è un mezzo silenzioso e comodo, che permette di spostarsi nel centro storico con i vantaggi dei pedoni, ma con maggior velocità, e quindi di poter sfruttare al massimo il tempo disponibile per visitare la città.

In carrozza

Le carrozze a Firenze sono anche chiamate «Fiacchere» (dal francese *Fiacre*) [...]. Oggi i fiaccherai lavorano soprattutto con i turisti; da sottolineare il fatto che le fiacchere possono transitare anche nelle vie pedonali, difficilmente raggiungibili da altri mezzi.

www© 2010 Provincia di Firenze - Direzione Sviluppo Economico, Programmazione, Turismo e Parco di Pratolino

1. Leggi l'articolo e rileva tutti i nomi dei mezzi di trasporto evocati.
2. Abbina ogni disegno dei mezzi di trasporto al suo nome.
3. Con la tua squadra, scegli un mezzo di trasporto e fai una breve presentazione delle sue caratteristiche alla classe.
4. Indica quale mezzo di trasporto preferisci per visitare una città e perché.

2 Ascolta e parla

 CD classe 3 piste 3 CD élève piste 24 p. 38

Ascolta il dialogo.

1. Rileva i nomi dei luoghi citati e dove deve andare ogni personaggio.

2. Indica le diverse possibilità che ha Lisa per raggiungere sua sorella e quale mezzo di trasporto decide di prendere.

3. Rileva i nomi dei monumenti che si trovano vicino alla stazione.

4. Lisa ha notato molte biciclette sulla piazza, puoi spiegare a che cosa servono?

5. Apri il quaderno d'attività: con la tua squadra, osserva la cartina di Firenze e proponi un itinerario alternativo per andare dalla stazione fino a via Cesare Battisti.

3 Guarda, parla e scrivi

1. Guarda il video e presenta la scena alla classe (i personaggi e il loro mezzo di trasporto, la città e la piazza).

2. Guarda una seconda volta e spiega cosa fa ogni personaggio della pubblicità.

3. Hai capito perché «telefonare gratis» è un vantaggio per i personaggi di questa scena?

4. Nel tuo quaderno d'attività rispondi al questionario.

LESSICO CD classe 2 piste 4 p. 39

il treno — la stazione

la fermata — dritto

girare a sinistra — girare a destra

di fronte — dietro — il semaforo

il traffico — l'incrocio

GRAMMATICA

p. 72

La forme de politesse

Lei è di Firenze?
Mi può aiutare?
Anche Lei prende il 23?

Observe attentivement ces trois exemples et essaie de comprendre comment est construite la forme de politesse en italien.

Les articles contractés avec les prépositions *da*, *in* et *su* p. 40

Non sei molto lontana dall'università.
Qui sei nel centro storico.
Sulla mia cartina non ci sono le linee.

Observe ces formes des prépositions da, in et su. Que remarques-tu? Serais-tu capable de donner toutes les formes contractées possibles avec ces trois prépositions?

PROGETTO INTERMEDIO   → Autoévaluation p. 74

Scusi, mi può aiutare? Partecipa a una conversazione in italiano.

Tu es un touriste à la recherche d'informations sur ton itinéraire dans une ville italienne. Demande de l'aide à un passant pour te rendre quelque part dans la ville. Montre-lui un plan pour obtenir des renseignements sur cet itinéraire et sur le(s) moyen(s) de transport à emprunter.

In giro per i negozi

1 Ascolta e parla

CD classe 2 — piste 5
CD élève — piste 25
p. 40

1. **Ascolta il dialogo e trova:**
   a. dove s'incontrano Lisa e Angela e di che cosa parlano.
   b. tutte le informazioni sull'ordinazione (che cosa prendono, chi paga, quanto e dove).

2. **Con la tua squadra:**
   a. ascolta di nuovo il dialogo e trova qual è il programma che Angela ha preparato per sé e Lisa.
   b. metti le attività in ordine cronologico e presentale alla classe.

3. **A seconda della tua squadra, trovate:**
   a. cosa piace ad Angela della sua nuova vita.
   b. cosa pensa Lisa della sua nuova vita in Francia.

LESSICO

CD classe 2 — piste 6
p. 41

il cameriere   i soldi   la tabaccheria

pagare

fare la spesa

la trattoria

il mercato   prima   dopo   poi

2 Leggi e parla

p. 42

La dieta degli atleti

G in sorride e ci sediamo a un tavolino. Poco lontano un intelletuale con occhialini e libro sul tavolo sorseggia un cappuccino, poi riprende in mano un articolo di «Leggere». Più in là una donna sui quarant'anni con i capelli lunghi e un bastardino sotto la sua sedia fuma svogliata una sigaretta, triste e nostalgica […].

5 «[…] Che prendi?»
Alle sue spalle si è «concretizzato» un cameriere.
«Buongiorno, signori.»
Ha circa sessant'anni e ci tratta in maniera elegante.
«Per me un Ace.»

10 «Per me invece una Coca-Cola e una pizzetta[1] bianca prosciutto[2] e mozzarella.»
Il cameriere facendo un piccolo inchino con la testa si allontana.
«Ehi, dopo la palestra ti tratti niente male, eh? Pizzetta bianca e Coca-Cola, la dieta degli atleti!»
[…] Ritorna il cameriere.
«Ecco qua, l'Ace per la signorina e per lei pizzetta bianca e Coca-Cola.»

15 Il cameriere posa tutto al centro del tavolo, mette lo scontrino[3] sotto il piattino finto argento e si allontana.

Federico Moccia, *Ho voglia di te*, Feltrinelli, 2006

1. piccola pizza - 2. *jambon* - 3. *la note*

1. **Leggi il testo. Trova:**

   a. chi sono le cinque persone e immagina dove si trovano.

   b. tutte le informazioni possibili su ogni persona (età, come sono, cosa fanno…) e presentale alla classe.

   c. che cosa ordinano i clienti che parlano.

2. **Con la tua squadra:** immaginate un nuovo dialogo tra un cameriere e dei clienti che ordinano da mangiare e da bere. Aggiungete dettagli. Mettetelo in scena con i tuoi compagni.

③ Leggi e parla

p. 43

| HOME | CENTRI COMMERCIALI | ABBIGLIAMENTO | INFORMATICA | GIOCHI | SPORT |

ORARI DEI NEGOZI DI FIRENZE

Estate 9-13 / 16-20
Inverno 9-13 / 15.30-19.30

LE VIE DELLO SHOPPING A FIRENZE

Sono davvero tanti i luoghi dove turisti e cittadini fiorentini possono trascorrere una bella giornata di shopping all'aria aperta. Partendo dal centro storico via Tornabuoni è sicuramente il posto ideale dove poter fare acquisti chic ed eleganti: oltre alle tante boutique di griffe famose come Versace, Trussardi e Ferragamo, infatti, in questa via la clientela potrà passeggiare tra le vetrine di grandi gioiellerie[1] che presentano articoli di Gucci, Pomellato e Cartier. Sempre in pieno centro per uno shopping più alla portata dei giovani segnaliamo via dei Calzaioli, dove potrete trovare negozi sportivi come Footlooker, grandi catene commerciali come Sisley e Coin e anche, per la felicità dei più piccoli, il Disney store. Altre vie dello shopping a Firenze sono via della Vigna Nuova, dove spiccano i negozi di Lacoste e Versus, e l'immancabile passeggiata su Ponte Vecchio dove sono presenti tantissime botteghe di orafi[2] che confezionano prodotti di inconfondibile valore.

http://www.negozi-italiani.it/citta/firenze

1. bijouteries – **2.** ateliers d'orfèvre

Leggi il testo

1. Rileva tutti i nomi delle vie dello shopping e indica in quale zona di Firenze si trovano.

2. Indica in quale via e in quale negozio puoi comprare:

un orologio prezioso

un paio di scarpe da tennis

un paio di occhiali da sole

un paio di jeans

una maglietta di Topolino

3. Indica quando non puoi fare shopping durante l'estate. E durante l'inverno?

GRAMMATICA → p. 73

p. 44

Les adjectifs possessifs

▶ il mio appartamento, il suo lavoro, il nostro paese
▶ la tua nuova vita
▶ i miei luoghi preferiti, i tuoi amici
▶ le sue clienti

Observe les adjectifs possessifs proposés dans les exemples. Que remarques-tu quant à sa formation ?

PROGETTO INTERMEDIO

→ Autoévaluation p. 74

Scrivi un articolo per un blog sulla città di Firenze.

Écris un article sur un blog consacré à la ville de Florence.
1. *Avec ton équipe, choisis des activités variées (restaurants, shopping, parcs, monuments...).*
2. *Fais des recherches sur les lieux où pratiquer ces activités, rédige l'article et lis-le à la classe.*

Esiste la città ideale?

1 Osserva e parla
p. 45

La città ideale, secondo un artista italiano, XV secolo

1. Descrivi i due quadri paragonandoli.
   Utilizza il modello seguente:
   Nel primo quadro... mentre nel secondo...
2. Associa ad ogni immagine le affermazioni
   più adatte (un'affermazione può
   corrispondere alle due immagini):
   – I palazzi sono tutti simmetrici.
   – Il campanile occupa un posto centrale
     e domina la città.
   – Le mura circondano la città.
   – I muri e i tetti delle case sono colorati.
   – Le case sono concentrate.
   – La chiesa, rotonda, è al centro.
   – C'è molto spazio tra gli edifici.
   – Ci sono molte chiese.

La Mia Città,
Zenone, XIX secolo

LESSICO
p. 45

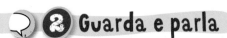

il palazzo

il campanile

la chiesa

la basilica

la torre

le mura

2 Guarda e parla
p. 46

Guarda il video e ritrova:
1. Chi è l'autore dell'opera *La città ideale.*
2. Dove si trova oggi il dipinto.

3. Le caratteristiche della città ideale.
4. L'invenzione artistica maggiore citata
   nel documento, il suo autore e la data
   di questa invenzione.

3 Osserva, leggi e parla

p. 47

Se Firenze è la capitale del Rinascimento, Urbino è la sua città ideale. Tante colline circondano la città marchigiana.

Pienza è la città dell'armonia, tra gli edifici, l'architettura e la natura toscana circostante. La cattedrale e i palazzi sono degli esempi dell' architettura rinascimentale.

Un perfetto modello di piazzaforte militare. È la piccola Atene lombarda. Sabbioneta fa parte del patrimonio mondiale dell'Unesco.

Che cos'è la città ideale? Secondo me è una città bellissima, una sorta di museo all'aperto dove gli edifici moderni rispettano quelli del passato. Un giro in bici è come una visita in una galleria d'arte...

Lucia

Per me le città ideali sono geometricamente perfette. Le case o i palazzi sono simmetrici e ordinati. C'è spazio tra gli edifici. La piazza centrale è immensa.

Paolo

Una località emiliana tutta arte e bellezza: Ferrara è perfetta da girare in bici perché situata in un territorio fatto di pianura.

La città ideale si trova in mezzo alla natura. È una città con grandi parchi che si può percorrere a piedi, senza prendere l'automobile o l'autobus.

Manuela

È una città chiusa che dà la sensazione di proteggere gli abitanti. Come una grande casa con diverse stanze...

Federico

Osserva queste città italiane considerate esempi di città ideali e leggi le definizioni degli studenti di architettura.

1. Presenta ogni città (nome, regione, caratteristiche).
2. Associa ogni foto a una delle definizioni della città ideale proposte dagli studenti e spiega perché.
3. Con quale studente sei d'accordo? Perché?

GRAMMATICA → p. 73

Le pluriel:
cas particuliers (1)
p. 48

▶ le città - le basiliche - gli edifici - le mura/ i muri - i parchi

Observe les pluriels ci-dessus. Dans ton cahier d'activités, complète le tableau.

PROGETTO INTERMEDIO → Autoévaluation p. 74

Presenta la tua città ideale.

Présente ta ville idéale, réelle ou imaginaire, en t'aidant éventuellement d'une photo. Tu peux évoquer en particulier: la géographie, l'architecture, les activités que l'on peut y pratiquer.

Lingua in pratica

GRAMMATICA

La forme de politesse

La forma di cortesia

Au « vous » français correspond le *Lei* italien pour exprimer la politesse, le respect, le rapport avec un supérieur. *Cf.* l'ancien français ou le langage soutenu : « Madame est servie ! » ou « Monsieur est-il satisfait de sa nouvelle voiture ? »

EXEMPLES

▶ Lei è di Firenze?
▶ Lei conosce bene la città?
▶ Abita nel centro?

Le pronom personnel sujet Lei n'est pas obligatoire : on ne l'emploie, comme les autres pronoms sujets, que pour insister.

L'adjectif ou le participe, masculin ou féminin, respecte le genre du sujet réel. Par conséquent, tous les éléments en rapport avec la forme de politesse vont se retrouver à cette 3e personne : sujet, verbe, pronoms compléments, possessifs...

EXEMPLES

▶ Professore, (Lei) è troppo severo.
▶ Professoressa, (Lei) è troppo severa.

1 Accorde le verbe entre parenthèses à la forme de politesse.

1. Mi (potere) indicare la fermata del bus?
2. (Dovere) fare il biglietto al box della stazione.
3. (Volere) accompagnarmi all'Università?
4. (Conoscere) la strada più breve per andare al Ponte Vecchio?
5. (Preferire) visitare il Duomo solo o con una guida?

2 Transforme ces phrases au tutoiement en phrases à la forme de politesse.

1. Prendi il bus o prendi la tua macchina?
2. Preferisci mangiare una pizza o un panino?
3. Passi davanti ai negozi e non guardi le vetrine?
4. Bevi un'aranciata al bar della stazione.
5. Puoi aspettarmi alla fine della tua lezione?

Pour aller plus loin

3 Prépare cinq questions à la forme de politesse pour un sondage destiné aux touristes qui visitent ta ville.

Les articles contractés avec les prépositions *da, in* et *su*

Le preposizioni articolate

Comme nous l'avons expliqué dans l'Unité 3 pour les prépositions *a* et *di*, la même transformation a lieu avec les prépositions *da, in, su* selon les mêmes règles.

	masculin					féminin		
	singulier			pluriel		singulier		pluriel
	il	l'	lo	i	gli	la	l'	le
da	dal	dall'	dallo	dai	dagli	dalla	dall'	dalle
in	nel	nell'	nello	nei	negli	nella	nell'	nelle
su	sul	sull'	sullo	sui	sugli	sulla	sull'	sulle

La contraction est toujours obligatoire.

4 Retrouve l'article contracté.

1. Arrivo (da) la stazione a piedi.
2. Ritrovo mia sorella (in) il cortile dell'Università.
3. Andiamo a passeggiare (su) le rive dell'Arno.
4. (Da) il piazzale Michelangelo, si vede tutta la città.
5. (In) le strade del centro storico, si incontrano molti turisti.

L'adjectif possessif

L'aggettivo possessivo

Il est précédé, sauf exception, d'un article défini. L'ensemble s'accorde en genre et en nombre avec le nom qui suit.

masculin		féminin	
singulier	pluriel	singulier	pluriel
il mio	i miei	la mia	le mie
il tuo	i tuoi	la tua	le tue
il suo	i suoi	la sua	le sue
il nostro	i nostri	la nostra	le nostre
il vostro	i vostri	la vostra	le vostre
il loro	i loro	la loro	le loro

5 **Complète à l'aide d'un possessif.**
1. Bevo … succo d'arancia al bar ogni mattina.
2. Mi piace … nuovo computer: dove l'hai comprato?
3. Ci sono … compagni che mi aspettano allo stadio.
4. Sono interessanti … nuovi libri per studiare l'italiano.
5. La prof di francese ci fa vedere … foto scattate a Parigi.

EXEMPLES

▶ Il mio compagno
▶ I miei compagni
▶ La nostra canzone
▶ Le nostre canzoni

Pluriel : cas particuliers (1)

Alcuni plurali irregolari

En italien, de nombreux mots ont un pluriel irrégulier. C'est le cas, entre autres :

– des mots qui portent un accent sur la dernière lettre

EXEMPLES

▶ città - qualità…

– des monosyllabiques

EXEMPLES

▶ il bar - il re - il tè

– des abréviations

EXEMPLES

▶ la moto - la bici - il cinema - la radio

– des noms terminés par une consonne

EXEMPLES

▶ lo sport - l'autobus - il camion

– des noms étrangers

EXEMPLES

▶ il computer - il week-end

6 **Passe les expressions au singulier à la forme du pluriel et vice-versa.**
1. Le mie città ideali non esistono.
2. La tua moto è potente.
3. Le sue qualità sono evidenti.
4. Il bar del centro città chiude a mezzanotte.
5. La quantità non è sufficiente.
6. Gli ultimi autobus partono dalla stazione.
7. Il caffè è troppo stretto.
8. Questa specialità pugliese è ottima.
9. I computer sono sempre più rapidi.
10. Le attività fisiche non mi piacciono.

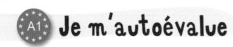

A1 Je m'autoévalue

AUTOÉVALUATION **1** **Pour (se) renseigner sur un itinéraire**

- **Je peux:**
  - demander des renseignements à un habitant de Florence (ou à un employé de l'office du tourisme) pour qu'il m'aide à m'orienter,
  - tracer sur une carte l'itinéraire conseillé.
- **Je sais utiliser:**
  - la forme de politesse,
  - les articles contractés avec la préposition *da* (et *in*).

Firenze

→ **Progetto intermedio p. 67**

AUTOÉVALUATION **2** **Pour écrire un article pour un blog sur Florence**

- **Je peux:**
  - proposer des activités destinées à un public de mon âge,
  - associer des lieux de la ville aux activités proposées,
  - varier mes propositions (shopping, repas sur le pouce, conseils, itinéraires…).
- **Je sais utiliser:**
  - le tutoiement,
  - les adjectifs possessifs.
- **Je connais:**
  - un ou deux lieux incontournables de Florence.

→ **Progetto intermedio p. 69**

AUTOÉVALUATION **3** **Pour présenter sa ville idéale**

- **Je peux:**
  - décrire simplement une ville en donnant ses caractéristiques principales,
  - donner, en les justifiant, les critères qui en font une ville idéale.
- **Je sais utiliser:**
  - les adjectifs possessifs,
  - certains pluriels particuliers.
- **Je connais:**
  - les principaux termes d'architecture.

La città ideale dell'architetto Tomaso Buzzi

→ **Progetto intermedio p. 71**

Tocca a te!

Con il tuo professore, scegli uno o due di questi progetti.

1

Dai (o ricevi / ascolta) informazioni su un itinerario.

Un touriste italien te demande (ou un habitant te donne) des informations pour rejoindre un lieu dans une ville italienne de ton choix.

1. Choisis un point de départ et un point d'arrivée dans la ville. Tes camarades font de même.
2. Donne des instructions à un camarade jouant le rôle du touriste afin qu'il trace l'itinéraire choisi sur un plan projeté au tableau.
3. À ton tour tu dois écouter des instructions pour un autre itinéraire dans une autre ville…

2

Scrivi e registra brevi messaggi per un totem interattivo.

Réalise de courts messages informatifs sur une ville de ton choix destinés aux touristes italiens.

1. Choisis trois ou quatre lieux de ta ville (commerce, place, bâtiment public…).
2. Élabore un texte court pour chaque lieu en précisant où il se trouve précisément, comment on peut s'y rendre et ce qu'il est possible d'y faire.
3. Enregistre les différents messages.

3

Fa' una partita al gioco dell'oca.

p. 48-49

Joue avec tes camarades au jeu de l'oie.

À chaque case du jeu correspond une situation. Lance le dé et accomplis (avec un camarade si nécessaire) la situation décrite.

1. Constitution des équipes.
2. Chaque équipe lance, tour à tour, le dé.
3. L'équipe effectue la situation décrite dans la case où elle est tombée.
4. Les points pour chaque équipe sont comptabilisés (action accomplie : 2 points, action effectuée de façon incomplète : 1 point, échec : 0 point).

4

Crea una guida della tua città destinata ai corripondenti.

Crée un guide d'accueil en prévision de l'arrivée des correspondants.

1. Choisis quelques lieux emblématiques de ta ville (un monument, un musée, un commerce, un restaurant, un cinéma…).
2. Cherche (ou fais) des photos des lieux sélectionnés.
3. Rédige un petit texte informatif pour accompagner les photos.
4. Réalise ton dépliant (tu peux fournir une petite carte sur laquelle tu mettras en évidence les lieux choisis).

Spostarsi a Venezia

La gondola: l'origine della gondola risale al XIII secolo. Era l'imbarcazione dei nobili. La sua prua rappresenta i sei «sestieri» (quartieri) di Venezia.
Oggi è molto usata dai turisti ma anche dai veneziani per passare da una riva all'altra del Canal Grande (traghetto) poiché ci sono soltanto quattro ponti su questo canale.

Il vaporetto: il primo fu costruito in Francia a Nantes nel 1881. Mezzo di trasporto pubblico, funziona come un autobus che passa da una riva all'altra del Canale e attraversa tutta Venezia fino al Lido.

FAQ

D: Posso trovare il vaporetto anche di notte?

R: Certo, i vaporetti, anche se meno frequenti che di giorno, li potete trovare per tutta la notte.

D: E con la nebbia?

R: Molti vaporetti hanno il radar ma, soprattutto quando la nebbia è fittissima e si deve attraversare un grande canale allora non sono garantiti i collegamenti.

D: E con lo sciopero?

R: I collegamenti con le isole sono serviti comunque anche se con poche corse.

D: Posso fare il biglietto a bordo?

R: Sì, ma devi domandarlo subito al marinaio altrimenti paghi una multa.

www.veniceguide.net

• Secondo te, qual è il mezzo di trasporto più piacevole per visitare Venezia? Perché?

Canaletto, *Il Buncintoro al Molo nel giorno dell'Ascensione*, 1732. Era la nave di prestigio dei Dogi (governatori) di Venezia.

> **Per aiutarti**
>
> - il palazzo
> - la basilica
> - il campanile
> - la festa
> - il lusso
> - i nobili
> - i gondolieri

1. Descrivi con precisione il quadro di Canaletto con i personaggi, le diverse imbarcazioni, l'atmosfera, lo scenario.
2. Osserva attentamente le due ultime immagini e di' che cos'è cambiato oggi a Venezia.

Il bacino di san Marco con la Piazza oggi

I supereroi

CD classe 2
piste 8 p. 50

sbarcano!

IL GIOCO DI RUOLO DEI SUPEREROI

Dans cette unité

➤ **Tu vas apprendre à**
- décrire une personne réelle ou un personnage imaginaire.
- rédiger le texte des bulles d'une bande dessinée ou d'une jaquette de dvd.
- raconter des événements au passé.

➤ **Tu vas utiliser**
- le passé composé
- les comparatifs
- certains pluriels irréguliers (2)
- des adjectifs liés à la description

➤ **Tu vas découvrir**
- le phénomène international des super-héros
- des super-héros « italiens »
- le Cosplay en Italie
- des héros et des demi-dieux de la mythologie

PROGETTO FINALE

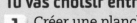

Tu vas choisir entre

1 Créer une planche de BD de super-héros.

2 Imaginer les dialogues d'une scène d'un film (la rencontre de deux super-héros) et interpréter la scène devant la classe.

3 Écrire une page du journal intime d'un héros.

4 Avec ton correspondant: organiser un forum de discussion sur vos super-héros préférés.

Dall'alto osservano la città...

🎧 **1** Ascolta e parla

CD classe 2 — piste 9
CD élève — piste 27
p. 50

Ascolta il dialogo.

1. Ascolta, presenta la scena e rileva ciò che fa o deve fare ogni personaggio.
2. Rileva i nomi dei personaggi famosi citati nel dialogo e a chi piacciono.
3. Com'è il personaggio di Fabio all'inizio? Com'è alla fine?
4. Che cosa vuole fare Lea in camera sua?
5. Fabio e Lea assomigliano ai loro avatar?

💬 **2** Osserva e parla

p. 51

i capelli

la fronte — gli occhi

le orecchie — la bocca

il collo

il braccio — la testa

il naso — il mento

il tronco

la testa

la pancia

la gamba

la mano

2
SUSAN,
«la donna invisibile»
dei Fantastici Quattro

1
CAPITAN NOVARA,
un famoso
supereroe italiano
di fumetto

il piede

il corpo

Fa' un paragone tra i due supereroi: differenze e punti in comune.

Esempio:
*Capitan Novara ha le braccia musculose, **invece** Susan ha le braccia snelle. Sono due supereroi famosi.*

LESSICO

CD classe 2 — piste 10 — p. 48

uomo/donna   alto/basso   magro/grasso   capelli corti/lunghi

capelli lisci/ricci   bello/brutto   snello/muscoloso

I colori

nero
giallo
verde
marrone
blu
arancione
viola
bianco
rosa
azzurro
grigio
rosso

 **Leggi e parla**

p. 52

Fumetti: dalla Marvel un nuovo personaggio con apparecchio acustico[1]

Ora Anthony porta con orgoglio il suo «blue ear», l'apparecchio acustico che gli serve per sentire.

Che si sappia, i super eroi hanno sempre qualcosa di super: super vista, super velocità, super forza… insomma, tutto super. Quan-
5 do mai si è visto un eroe con qualche problema? È questo il pensiero che facciamo tutti, compreso il piccolo Anthony, di cui Fox News riporta la storia sul suo sito.

LA STORIA – Anthony è un bambino di quattro anni sordo[2] quasi completamente da entrambe le orecchie, con la passione per i fumetti
10 e i super eroi che li animano. Beh, nessun supereroe, ha notato giusta-mente Anthony, deve portare quello che lui chiama «blue ear» (orec-chio blu), che altro non è che l'apparecchio acustico, per cui non trova giusto di doverlo fare lui. A nulla sono valsi i tentativi della mamma per fare accettare al piccolo l'ausilio[3].
15 L'INTERVENTO DELLA MARVEL – Infine l'idea: scrivere alla Marvel, casa editrice che pubblica le storie di Spiderman, Ironman, Hulk, gli eroi tanto amati da Anthony. […] Alla casa editrice Marvel la storia di Anthony non è passata inosservata, e hanno deciso infatti di non guardare solo al passato, ma a pensare al futuro, pubblicando una striscia[4] in cui compare un
20 nuovo personaggio dotato proprio di apparecchio acustico dal nome, pensate un po', Blue Ear.
Ora la gioia di Anthony è quella di un bambino che può sognare davvero di diventare come il suo supereroe preferito.

www.disabili.com

1. *prothèse auditive* - 2. *sourd* - 3. *Les tentatives de la mère pour faire accepter sa prothèse à son petit n'ont servi à rien.* -
4. *immagini di un fumetto*

1. **Leggi il testo e:**
   a. presenta la storia di Anthony: chi è, quanti anni ha e perché non è felice.
   b. trova cosa fa la mamma di Anthony per rendere il suo bambino felice.
   c. spiega cosa decide di fare la casa editrice Marvel per Anthony.

2. **Con la tua squadra, immagina e scrivi la lettera che invia la mamma o la lettera di Anthony che risponde alla Marvel.**

GRAMMATICA  → p. 86

Quelques pluriels p. 53
irréguliers ou particuliers (2)
▶ lungo, liscio, riccio, il braccio, l'orecchio

Ces noms et ces adjectifs ont un pluriel irrégulier ou particulier. Retrouve leur pluriel dans les documents de cette double-page et note-les dans ton cahier d'activité.

FONETICA

CD classe 2
piste 11 p. 53

▶ capelli lisci - capelli ricci

le son [ʃ]: scemo, scena, lasciare
le son [tʃ]: braccio, esercizio, difficile, invincibile

Comment prononces-tu ces mots ?
Scioglilingua: Micia ha il pelo liscio mentre Micio ha il pelo riccio.

PROGETTO INTERMEDIO → Autoévaluation p. 80

Immagina, disegna e presenta fisicamente un nuovo supereroe a partire da un personaggio reale.

Transforme une personne de ton choix (un(e) ami(e), quelqu'un de ta famille, ton idole) en super-héros. Présente-le à la classe avec ses caractéristiques physiques. Tu accompagneras ta présentation d'un dessin, un collage ou une photo.

Supererrore!

CD classe 2 piste 12   CD élève piste 28   p. 53

🎧 **1 Osserva, ascolta e parla**

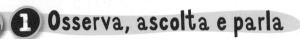

Copertina di Rat-Man

Copertina di Paperinik

1. Osserva le copertine dei fumetti poi guarda il trailer del cartone animato di un supereroe un po'… particolare su: http://www.youtube.com/watch?v=0cwzG_qjbRI

Dopo presenta:

a. Il nome del supereroe del cartone animato.

b. La sua missione:
– una vendetta
– una battaglia (contro i criminali)
– una missione segreta

c. La sua qualità più grande:
– un'intelligenza superiore
– dei riflessi straordinari
– una perfezione fisica

d. Il tono della voce off (fuori campo):
– allegro   – drammatico
– triste   – aggressivo

2. Con la tua squadra:

a. Guardate di nuovo il video e indicate:
– quali caratteristiche del supereroe ritroviamo nel cartone animato.
– perché il personaggio non corrisponde all'immagine tradizionale del supereroe.

b. Spiegate che cosa rende questo personaggio comico.

LESSICO   CD classe 2 piste 13   p. 54

la maschera

il costume

i superpoteri

la cappa

2 Leggi e scrivi

p. 54

Rat-man n°91,
Leo Ortolani,
Paninicomics,
Luglio 2012

1. Leggi il fumetto e rispondi.
a. Il bambino soffre di: solitudine – amnesia – mal di pancia.
b. Il suo trauma è dovuto a: un incidente stradale – un'aggressione – un abbandono.
c. Rat-man non conosce: le coniugazioni – la sua poesia – le tabelline.
d. Secondo lui, di che cosa soffre?
e. Arci (Arciboldo), è: il maggiordomo – il maestro – l'amico del cuore.
f. In realtà, Rat-man soffre di: amnesia – stupidaggine – intelligenza.

Per aiutarti
- le tabelline: *les tables de multiplication*
- ricordare: *se souvenir*
- la stupidaggine: *la bêtise*
- il trauma: *le traumatisme*

GRAMMATICA → p. 86
p. 55

Le passé composé
▸ È arrivata Super Secchiona. (Lezione 1)
▸ Ho avuto il trauma dell'abbandono.
▸ Ecco, ho finito!

Observe ces verbes et essaie d'en retrouver l'infinitif ainsi que l'auxiliaire utilisé. Comment se terminent, au passé composé, les verbes en -are et en -ire? Et les verbes en -ere?

FONETICA
CD classe 2
piste 14 p. 55

Les interjections → p. 87
▸ Eh?
▸ Macché!
▸ Visto?
▸ Niente!

Ascolta e ripeti.

PROGETTO INTERMEDIO → Autoévaluation p. 80

Inventa la biografia di un supereroe comico.

1. *Choisis un super-héros et essaie de faire un jeu de mots en modifiant son nom (ex. :* Batman → Ratman*) ou change simplement une lettre du nom initial (*Superman → Superfan*).*
2. *Change quelques-unes de ses caractéristiques physiques.*
3. *Décris ses pouvoirs en insistant sur leur côté inutile ou ridicule.*
   Exemple: Può cantare con la bocca chiusa.
4. *Rédige une mini-biographie en utilisant le passé composé.*

Mitici!

① Osserva e parla

p. 56

Il personaggio
di Angel degli X-men

*Perseo con la testa
di Medusa,* Agostino
Carracci e Annibale
Carraccci , 1597-1602

Copertina dell'*Uomo Ragno*

La caduta di Icaro, Maso da San Friano, 1570-1571

Osserva i personaggi e la situazione in cui si trovano e indica:

1. i punti in comune tra gli eroi della mitologia e i supereroi moderni.
2. le differenze che ci sono tra la versione antica e la versione moderna della leggenda.

Per aiutarti

- l'eroe
- la mitologia/mitologico
- lottare
- tagliare
- vincere
- volare
- cadere nel vuoto

② Leggi e scrivi

p. 57

SUPEREROI DA SEMPRE...

*Calzari[1] volanti per Perseo, forza sovrumana per Eracle/Ercole, sguardo che pietrifica
per Medusa, poteri telecinetici[2] per Mosè che divide le acque...*

Che si tratti di campioni di forza come Hulk o La Cosa dei Fantastici 4, di velocità come Flash o Superman, di «mentalisti» dalle incredibili capacità sensoriali come il Professor X degli X-Men, la figura del supereroe così come la conosciamo oggi ha radici[3] molto antiche e trova nel mito la sua prima fonte[4] di ispirazione.

Non solo: spesso in missione per il bene del mondo (come Prometeo che rubò il fuoco agli dèi per donarlo agli uomini) e sempre mascherati (come tante divinità greche alle prese con gli umani) alcuni supereroi a volte sono proprio gli stessi delle vecchie mitologie. Per esempio Thor: divinità vichinga dall'invincibile martello

che, nell'omonima versione a fumetti, torna sulla Terra per fronteggiare[5] invasioni aliene e spie[6] sovietiche.

Focus, 11/2006

---

1. *des chaussures -*
2. *poteri paranormali -*
3. *des racines -* 4. *sa source -*
5. affrontare - 6. *les espions*

Leggi l'articolo e ritrova:

1. i nomi degli eroi di oggi e a quali categorie appartengono.
2. i nomi delle divinità, degli eroi mitologici e delle figure dell'antichità.
3. la frase che indica che i supereroi di oggi si ispirano a queste figure mitiche del passato. Illustra con esempi citati nel testo.

Per aiutarti

Alcuni Dei romani e greci

- Marte/Ares
- Venere/Afrodite
- Mercurio/Ermes
- Giunone/Era
- Nettuno/Poseidone
- Minerva/Atena
- Saturno/Crono...

3 Osserva, leggi e parla p. 57

Affascinanti e terribili chimere...

Il grifone

Il grifone è una creatura leggendaria con il corpo di leone e la testa d'aquila. Molte illustrazioni moderne rappresentano il grifone con le zampe **1** anteriori da aquila, dotate di artigli **2**. Generalmente comunque ha quattro zampe da leone. La sua testa da aquila ha orecchie molto allungate **3**; queste sono a volte descritte come orecchie da leone ma spesso anche da cavallo, a volte anche piumate. Stando ad alcuni autori, la coda **4** sarebbe costituita da un serpente, paragonabile a quella della chimera.

In antichità era un simbolo del potere divino e un guardiano della divinità.

L'ippogrifo

Il suo nome deriva dalle parole greche hippos (cavallo) e grypòs (grifone). L'ippogrifo è infatti una creatura alata, originata dall'incrocio tra un cavallo ed un grifone, con testa e ali di aquila, zampe anteriori e petto da leone ed il resto del corpo da cavallo.

Cerbero

Cerbero nella mitologia greca, era uno dei mostri che erano a guardia dell'ingresso dell'Ade, il mondo degli inferi.
È un cane a tre teste che simboleggiano la distruzione del passato, del presente e del futuro. Il suo compito era impedire ai vivi di entrare ed ai morti di tornare indietro.

L'Idra di Lerna

Nella mitologia greca l'Idra di Lerna è un mostro a forma di serpente e con molte teste, nato da Tifone ed Echidna, come Cerbero e la Chimera.
Secondo la maggior parte delle leggende, aveva nove teste, di cui la centrale era immortale.

http://paperando.forumfree.it

Leggi il testo.

1. Scegli nel testo una parola o un'espressione per definire la chimera.

2. Ritrova quali differenti animali compongono ogni chimera.

3. Che cosa simboleggiano il grifone e Cerbero?

4. Cerca cosa simboleggiano l'ippogrifo e l'idra di Lerna.

5. Cita libri, film, giochi in cui ritroviamo una chimera.

GRAMMATICA → p. 87

Les quantitatifs *molto* et *tanto*   p. 57

▸ **molto** antiche
▸ le orecchie **molto** allungate
▸ **molte** illustrazioni
▸ **molte** teste
▸ **tante** divinità

Observe les terminaisons de molto et tanto.
Dans quels cas sont-ils invariables ?

PROGETTO INTERMEDIO   → Autoévaluation p. 80

Crea il tuo animale fantastico.

1. *En t'inspirant des récits mythologiques et des personnages chimériques rencontrés dans la leçon, invente une chimère.*

2. *Réalise ensuite un montage ou dessin que tu présenteras à la classe.*

GRAMMATICA

Les pluriels irréguliers : autres cas particuliers

Alcuni plurali irregolari

Certains noms masculins en *-o* notamment en rapport avec le corps humain, ont deux pluriels : l'un en *-a* (féminin) pour le sens propre, l'autre en *-i* (masculin) pour le sens figuré.

EXEMPLES

▷ il membro → le membra *(physique)*, i membri *(club)*
▷ il braccio → le braccia, i bracci *(fleuve, croix)*
▷ il dito → le dita, i diti *(mesure)*

Pluriels très spéciaux :
▷ l'uomo → gli uomini
▷ l'ala → le ali
▷ l'arma → le armi
▷ il dio → gli dei
▷ il tempio → i templi

1 **Transforme les expressions suivantes au pluriel.**

1. il dio romano
2. l'uomo vecchio
3. l'arma dell'eroe
4. il tempio antico
5. l'ala lunghissima

2 **Traduis les expressions suivantes.**

1. les membres de mon équipe
2. Ses bras sont très longs.
3. Le Pô se termine en plusieurs bras.
4. Il fait un signe de victoire avec ses deux doigts.
5. Le super héros a bu deux doigts d'une boisson magique.

Le passé composé

Il passato prossimo

Très utilisé pour les récits au détriment du passé simple jugé trop recherché, il sert à la description d'une action accomplie.

Il se forme en ajoutant au présent de l'indicatif de l'auxiliaire *essere* ou *avere* le participe passé du verbe à conjuguer.

Le participe passé :

Verbes en :	-are	-ere	-ire
Participe passé	-ato	-uto	-ito

Avec *essere* l'accord se fait toujours avec le sujet du verbe. Avec *avere,* le plus souvent l'accord ne se fait pas.

EXEMPLES

▷ Lisa è **andat**a al cinema mentre sua sorella è partita all'università.
▷ Lisa ha **mangiat**o una pizzetta.

N'oublie pas de consulter les formes irrégulières du participe passé dans le Précis Grammatical (p. 160-161).

3 **Transforme le verbe entre parenthèses au passé composé.**

1. Io (notare) tutti i poteri del supereroe.
2. Tu (sognare) di diventare Superman.
3. L'autore (chiamare) Ratman l'eroe del suo fumetto.
4. Mio padre (leggere) tutte le avventure di Tarzan.
5. I supereroi (potere) salvare molte vite.
6. I bambini (accettare) la morte del personaggio.
7. L'autore di Superman (scrivere) tantissimi episodi tutti famosi.

4 **Transforme les phrases suivantes au passé composé.**

1. Spiderman indossa il suo costume.
2. Ercole lotta contro un leone.
3. Il mio professore prende il mito del centauro come esempio d'educazione.
4. Angel vola nel cielo di New York.
5. Perseo taglia la testa di Medusa.
6. Per carnevale, metto il costume di Batman.
7. Icaro cade nel vuoto.

TABLEAUX DE CONJUGAISON

essere

io	sono stato (-a)
tu	sei stato (-a)
lui/lei	è stato (-a)
noi	siamo stati (-e)
voi	siete stati (-e)
loro	sono stati (-e)

Attention ! L'auxiliaire *essere* se conjugue avec lui-même.

Attention ! Voici quelques participes passés irréguliers très utilisés :

fare → fatto
leggere → letto
scrivere → scritto
mettere → messo
prendere → preso

5 Raconte en cinq phrases une aventure d'un super héros, vue à la télévision ou lue dans une bande dessinée. Utilise le passé composé.

Les quantitatifs : *molto, tanto, poco*

Molto, tanto, poco

Quand ils sont suivis d'un nom, *molto, tanto, poco* s'accordent avec ce nom.
Cependant quand ils sont suivis d'un adjectif ils sont invariables.

EXEMPLES

▸ Abbiamo visto **molte** illustrazioni **molto** antiche.
  (adjectif)   (adverbe)

▸ **Molte** divinità sono **tanto** potenti.
  (adjectif)   (adverbe)

*Attention à la formation du pluriel :
poco devient pochi, poca devient poche
selon la règle de transformation au pluriel
des mots en -co et -go.*

6 Adapte le quantitatif dans les phrases suivantes.
  1. (Molt...) eroi non sono (tropp...) simpatici.
  2. Ci sono (tant...) dei greci (molt...) potenti.
  3. (Poc...) storie moderne non sono ispirate alla mitologia.
  4. (Quant...) fumetti sono (poc...) conosciuti.

PRONUNCIA

I fumetti : una lingua speciale

Bah... è l'espressione per il dubbio.

Boh... suono usato come a dire «e chi lo sa?».

Ehm... indica perplessità.

Fiu!!! ci fa capire che pericolo evitato.

Mah... esprime esitazione.

Ssssst!!! è sinonimo di «zitto!», «silenzio!».

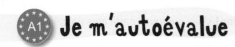

Pronti per il progetto?

A1 Je m'autoévalue

AUTOÉVALUATION 1 Pour créer et présenter un nouveau super-héros

- **Je peux:**
  - à partir d'une photo, d'un dessin d'une personne, inventer et représenter des caractéristiques nouvelles, propres aux super-héros (costume, apparence physique, pouvoirs,...).
  - présenter le personnage initial ainsi que sa nouvelle identité.
  - décrire ses caractéristiques physiques (visage, corps, costume, accessoires) et les comparer à celles du personnage initial.
  - parler brièvement de sa personnalité et lui inventer une histoire ou une mission.

- **Je sais utiliser:**
  - le lexique du corps au singulier et au pluriel.
  - les adjectifs de couleur et ceux qui caractérisent le physique en faisant les accords nécessaires.
  - des connecteurs utiles pour faire des comparaisons *(anche, mentre, invece...)*.

→ **Progetto intermedio p. 81**

AUTOÉVALUATION 2 Pour transformer un super-héros en personnage comique

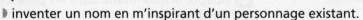
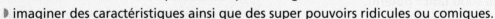

- **Je peux:**
  - inventer un nom en m'inspirant d'un personnage existant.
  - imaginer des caractéristiques ainsi que des super pouvoirs ridicules ou comiques.
  - inventer et raconter l'histoire du nouveau personnage sous forme de biographie simple et brève *(dove e quando è nato, dove ha studiato, chi sono i membri della sua famiglia, chi è il suo grande nemico...)*.

- **Je sais utiliser:**
  - le lexique du corps au singulier et au pluriel.
  - le passé composé des verbes réguliers et de quelques irréguliers.

→ **Progetto intermedio p. 83**

AUTOÉVALUATION 3 Pour présenter une chimère à la classe

- **Je peux:**
  - réaliser un dessin ou un collage de divers animaux.
  - présenter un dessin en décrivant chacun de ses éléments.
  - citer quelques personnages mythologiques.

- **Je sais utiliser:**
  - les noms d'animaux et le lexique du corps.
  - les adjectifs pour présenter des caractéristiques physiques ou des pouvoirs.

- **Je connais:**
  - les noms et les caractéristiques de quelques animaux légendaires de la mythologie.

→ **Progetto intermedio p. 85**

PROGETTO FINALE

Tocca a te!

Con il tuo professore, scegli uno o due di questi progetti.

1

Inventa una pagina di un fumetto di supereroe.

Crée une planche de BD de super-héros.

1. Écris au brouillon le synopsis de ta BD et invente un titre.
2. Prépare la planche en fonction du nombre de cases nécessaires.
3. Écris au brouillon les dialogues et didascalies que tu inséreras dans ta BD.
4. Entraîne-toi d'abord et dessine les personnages dans les cases.
5. Écris les dialogues au propre.

2

Immagina i dialoghi per una scena di film.

Imagine la rencontre de deux super-héros et interpréte avec un camarade la scène devant la classe.

1. Mettez-vous d'accord sur la scène que vous voulez créer ou doubler.
2. Écrivez au style indirect le résumé de la scène.
3. Écrivez en interaction écrite les dialogues de cette scène.
4. Entraînez-vous à la jouer en y mettant le ton.
5. Présentez la scène à la classe et jouez-la, si besoin à l'aide d'accessoires ou de figurants.

3

Scrivi il diario di un supereroe.

Écris une page du journal intime d'un super-héros.

1. Imagine la journée d'un super-héros : invente une date qui figurera en haut de la page du journal intime. Décris l'activité « normale » du personnage quand il n'est pas un super-héros (le lieu où il vit, son travail, les gens qu'il fréquente, etc.). Ensuite, imagine un fait qui le contraint à endosser son costume de super-héros.
2. Écris le court récit au passé en respectant le déroulement des faits. Utilise la première personne du singulier lorsque le personnage s'exprime.
3. Joue devant tes camarades le rôle du super-héros qui est en train d'écrire dans son journal intime tout en réfléchissant, à voix haute, à sa double vie d'homme et de super héros.

4

Con il tuo corrispondente, crea un forum dedicato ai tuoi supereroi preferiti.

Organisez un forum de discussion sur vos super-héros préférés.

1. Sur le blog de la classe ou sur un forum, crée trois ou quatre articles vides avec pour titre le nom des super héros dont tu souhaites discuter.
2. Écris une brève description de tes héros préférés.
3. Pose quelques questions au correspondant pour connaître son point de vue.
4. Complète les articles de ton correspondant en répondant à ses questions et en donnant ton avis.

Supercagnolino

Torino: cane salva il condominio[1] dall'incendio

Ha svegliato il padrone, abbaiando a lungo nel cuore della notte. «L'eroe» è Rocky, un cagnolino[2] nero di circa 10 anni di piccola taglia, che ha avvertito il suo proprietario perché nella palazzina[3] in via Volpiano, alla periferia di San Benigno (Torino), si stava sviluppando un incendio e dopo aver capito il pericolo ha dato l'allarme, evitando forse una tragedia. Grazie ai guaiti[4] di un cagnolino i condomini hanno così avuto salva la vita. Orgoglioso il proprietario, Giancarlo Salamone, che alla «Stampa» dice: «Se non era per lui avremmo rischiato di morire là dentro». […] Tutti stavano dormendo, ma fortunatamente, Rocky ha avvertito…

News Animaliste, 16 febbraio 2012

1. Che cosa è successo nella palazzina?
2. Chi ha avvertito gli abitanti?
3. Perché si può dire che Rocky è un eroe?

1. *la copropriété* - 2. *un petit chien* - 3. *l'immeuble* - 4. *jappements*

Fans di super eroi

Lucca Comics, l'invasione dei cosplayer

Sono tantissimi e coloratissimi. Impersonano il loro personaggio preferito facendo attenzione a ogni piccolo dettaglio. I cosplayer hanno invaso Lucca in occasione del Lucca Comics & Games. Oltre 1600 le iscrizioni alla gara, con un campo d'ispirazione che pesca dai fumetti ai manga giapponesi, dai cartoon del Sol Levante ai videogiochi, dai telefilm alla musica, dai giochi di ruolo ai libri. Poche regole, ma ferree: il costume deve essere fatto a mano no ad armi, petardi, getti d'acqua […].

sabato 03.11.2012

Il Tirreno,
http://iltirreno.gelocal.it/

1. Chi sono i cosplayer?
2. A che cosa si ispirano?

Il centauro Chirone

Il centauro Chirone e Achille. Affresco, Basilica di Ercolano

1. Come è composto il Centauro?
2. Secondo te, che cosa simboleggia?

Uno Spiderman tutto italiano a Venezia

Piazza San Marco, tempo di carnevale. La gente festeggia indossando vistose parrucche ed abiti sontuosi, ma una grave minaccia incombe sulle calli veneziane: gli abitanti della città rischiano di essere trasformati in vetro dal conte alchimista Alvise Gianus, un serial killer che proviene dai secoli passati. Soltanto una persona può salvare Venezia, un supereroe agile e scattante: il suo nome è Spiderman, ma noi italiani preferiamo chiamarlo Uomo Ragno.

Il Corriere della Sera, http://www.corriere.it

Leggi e ritrova:
1. in quale città si svolge l'evento ricordato dal testo.
2. i luoghi citati.
3. il periodo considerato.
4. la minaccia che pesa.
5. tutte le informazioni sul nemico.
6. il nome in italiano del supereroe che può salvare Venezia.

Acquolina

in bocca!

Dans cette unité

➤ **Tu vas apprendre à**
- parler de tes goûts et habitudes alimentaires
- faire une liste et planifier tes courses
- donner des indications pour réaliser une recette
- composer un menu à l'italienne
- présenter des spécialités italiennes, promouvoir un produit italien

➤ **Tu vas utiliser**
- la traduction de « il faut »
- l'impératif
- les pronoms COD

➤ **Tu vas découvrir**
- les habitudes alimentaires des Italiens
- quelques recettes et quelques produits typiques italiens
- la région des Pouilles
- la tradition des *sagre*

CD classe 2
piste 16   p. 58

PROGETTO FINALE

Tu vas choisir entre

1 animer une émission de cuisine.

2 créer la brochure d'une *sagra*.

3 créer une publicité pour un produit italien.

4 réaliser le livre des recettes préférées de la classe pour les correspondants.

Oggi cucino io!

1 Osserva e parla

p. 58

UNESCO

Dieta mediterranea

- la pasta
- il cavolfiore
- la carne (il pollo)
- il formaggio
- i broccoli
- l'olio
- la banana
- la pera
- il finocchio
- la carota
- il pompelmo
- l'uva
- l'insalata
- il pesce
- la fragola
- i piselli
- la mela
- la zucchina
- il limone
- il peperone
- il pomodoro
- l'arancia

Patrimonio dell'umanità

Osserva l'immagine e di':

1. tutti i nomi possibili di frutta.
2. tutti i nomi possibili di verdura.
3. quali alimenti ti piacciono e quali non ti piacciono.
4. il nome di alcuni ingredienti utili per una ricetta che ti piace e dove si comprano.

LESSICO

CD classe 2
piste 17   p. 59

| il negozio di alimentari | il supermercato | la macelleria | la salumeria |

| la pasticceria | la panetteria | il negozio di frutta e verdura |

2 Ascolta e parla

CD classe 2   CD élève
piste 18   piste 30   p. 59

Ascolta il dialogo e ritrova:

1. la lista degli ingredienti che devono comprare Luigi e Giuseppe.
2. quali piatti compongono il menù della festa della mamma.
3. quali piatti sono esclusi dal menù e perché.
4. chi va a comprare gli alimenti e dove.

Per aiutarti

un etto = 100 grammi
un chilo = 1 kg
un litro = 1 l

❸ Leggi, parla e scrivi

p. 60

I pasti

In Italia i pasti sono principalmente tre: colazione, pranzo e cena. I pasti principali, specialmente la cena, sono un momento d'incontro per tutti i membri della famiglia.
Tradizionalmente la colazione italiana non è molto elaborata; consiste di una bevanda calda (caffè, latte, tè), accompagnata da qualcosa di dolce (biscotti,

5 pane burro e marmellata, brioches, fresche o confezionate). Molto diffusa è anche l'abitudine di fare colazione fuori casa, al bar, dove si consuma generalmente un cappuccino o un caffè espresso con un cornetto, un dolce simile ai croissants francesi, in genere ripieno di crema, o marmellata o cioccolato. Prendere un caffè al bar, di solito in piedi davanti al bancone, è un'abitudine

10 molto diffusa e non solo a colazione ma anche a metà mattinata o dopo i pasti.

L'ora del pranzo è intorno all'una. Il pranzo tradizionale è un pasto sostanzioso anche se molti italiani costretti dall'orario di lavoro lo consumano in fretta fuori casa, mangiando un panino. Chi pranza a casa di solito mangia un primo piatto (spesso a base di pasta o, al Nord Italia, di riso) e un secondo di carne, o pesce o

15 uova con un contorno di verdura; infine la frutta e il caffè. In particolari occasioni (la domenica, per esempio), con il caffè del dopo-pranzo si mangiano anche dei dolci, come dei pasticcini o una torta, possibilmente cucinati in casa, o, d'estate, un gelato.

La cena è un momento fondamentale per la vita degli italiani. Al termine della giornata di lavoro tutti i membri della famiglia si riuniscono intorno al tavolo e consumano il pasto principale della giornata,

20 raccontandosi gli avvenimenti più importanti. A cena si mangiano in genere alimenti leggeri come zuppe, insalate, formaggi, verdura e frutta.

http://www.studiare-in-italia.it

Leggi il testo.

1. Rileva il nome dei pasti principali degli italiani e precisa in quale momento della giornata si fanno.
2. Per ogni pasto, trova che cosa mangiano (e bevono) gli Italiani in generale.
3. Rileva gli aggettivi che qualificano i diversi pasti.
4. Completa il menù nel tuo quaderno d'attività.
5. Quali differenze vedi tra le abitudini italiane e quelle francesi?

GRAMMATICA → p. 100

La traduction de « il (me) faut »
▶ ci vuole troppo tempo
▶ ci vogliono 3 pomodori per il sugo
▶ mi serve la carne
▶ mi servono la ricotta e il pecorino

Observe ces exemples. Comment traduit-on en italien les expressions « il faut » et « il me faut »? Quelle est la différence d'emploi entre ci vuole/mi serve et ci vogliono/mi servono?

Les pronoms personnels COD p. 61
▶ Il dolce, lo compriamo!

Observe cet exemple: à quoi se rapporte le pronom lo?
▶ Li prendiamo al negozio di alimentari
▶ La faccio io!
▶ Le facciamo?

Réécoute le dialogue et essaie de retrouver à quoi se rapportent les pronoms ci-dessus. Que remarques-tu?

PROGETTO INTERMEDIO → Autoévaluation p. 102

Ascolta il messaggio, scrivi la lista e preparati per la spesa.

CD classe
CD élève
piste 19   piste 31

Tu aides une voisine âgée en lui faisant ses commissions. Écoute son message et prends sa liste de courses en notes. Indique ensuite dans quels commerces tu devras te rendre pour faire ces achats.

Gnam!

🎧 ① Guarda, ascolta e parla

CD classe 2 — piste 20
CD élève — piste 32
p. 61

Sonia Peronaci, cuoca e fondatrice del sito web di cucina Giallozafferano.it

Guarda o ascolta la ricetta.

1. **Dopo un primo ascolto, cita:**
   a. il nome della ricetta.
   b. tre o quattro ingredienti.
   c. una o due quantità.
   d. due o tre verbi.

2. **Con la tua squadra:**
   organizzatevi per il secondo ascolto e ritrovate:
   a. tutti gli ingredienti.
   b. tutte le quantità.
   c. le diverse tappe della preparazione.

3. **Un membro di ogni squadra presenta, all'orale, la ricetta alla classe. Vince la presentazione più dettagliata.**

LESSICO

CD classe 2 — piste 21   p. 62

il cucchiaio
la padella
la grattugia
il coltello
la pentola
il mestolo

👁 ② Leggi e parla

p. 63

Finiamo con... il dessert!

CREPES DOLCI

per 8 persone - Tempo di prep. 13 min.

Ingredienti

- 1/2 litro di latte
- 250 g di farina
- 4 uova
- 50 g di burro
- 1 bustina di zucchero vanigliato
- 1 pizzico di sale

Informazioni nutrizionali per porzione

- Kcal 196
- Fibre 0,75 g
- Grassi 7 g
- Proteine 7 g
- Carboidrati 25 g

Preparazione

1 Dentro un'insalatiera, versa gradualmente la farina, le uova, lo zucchero vanigliato, un pizzico di sale ed il latte, mescolando con una frusta. Dovrai ottenere una pasta senza grumi. Poi aggiungi il burro fuso e un cucchiaio di rhum. Lascia riposare.

2 Dentro una padella molto calda, versa un po' di burro e fallo sciogliere. Versa poi un mestolo di pasta e fai cuocere per circa tre minuti.

http://www.ilgustofascuola.it

Leggi la ricetta delle crepes dolci.

1. **Ritrova:** a. a che cosa corripondono le seguenti cifre (durata, quantità, numero di persone): 4 – 3 – 7 – 8 – 13 – 50
   b. il nome dei diversi utensili utilizzati.
   c. i diversi verbi usati per le istruzioni.

2. **Sei il conduttore di una trasmissione di cucina: presenta la ricetta.**

⌐ Per aiutarti

un pizzico di: *une pincée de*
½ litro di = mezzo litro di...
20 g = venti grammi

3 Leggi, parla e scrivi

p. 60

I pasti

In Italia i pasti sono principalmente tre: colazione, pranzo e cena. I pasti principali, specialmente la cena, sono un momento d'incontro per tutti i membri della famiglia.

Tradizionalmente la colazione italiana non è molto elaborata; consiste di una bevanda calda (caffè, latte, tè), accompagnata da qualcosa di dolce (biscotti,
5 pane burro e marmellata, brioches, fresche o confezionate). Molto diffusa è anche l'abitudine di fare colazione fuori casa, al bar, dove si consuma generalmente un cappuccino o un caffè espresso con un cornetto, un dolce simile ai croissants francesi, in genere ripieno di crema, o marmellata o cioccolato. Prendere un caffè al bar, di solito in piedi davanti al bancone, è un'abitudine
10 molto diffusa e non solo a colazione ma anche a metà mattinata o dopo i pasti.

L'ora del pranzo è intorno all'una. Il pranzo tradizionale è un pasto sostanzioso anche se molti italiani costretti dall'orario di lavoro lo consumano in fretta fuori casa, mangiando un panino. Chi pranza a casa di solito mangia un primo piatto (spesso a base di pasta o, al Nord Italia, di riso) e un secondo di carne, o pesce o
15 uova con un contorno di verdura; infine la frutta e il caffè. In particolari occasioni (la domenica, per esempio), con il caffè del dopo-pranzo si mangiano anche dei dolci, come dei pasticcini o una torta, possibilmente cucinati in casa, o, d'estate, un gelato.

La cena è un momento fondamentale per la vita degli italiani. Al termine della giornata di lavoro tutti i membri della famiglia si riuniscono intorno al tavolo e consumano il pasto principale della giornata,
20 raccontandosi gli avvenimenti più importanti. A cena si mangiano in genere alimenti leggeri come zuppe, insalate, formaggi, verdura e frutta.

http://www.studiare-in-italia.it

Leggi il testo.
1. Rileva il nome dei pasti principali degli italiani e precisa in quale momento della giornata si fanno.
2. Per ogni pasto, trova che cosa mangiano (e bevono) gli Italiani in generale.
3. Rileva gli aggettivi che qualificano i diversi pasti.
4. Completa il menù nel tuo quaderno d'attività
5. Quali differenze vedi tra le abitudini italiane e quelle francesi?

GRAMMATICA

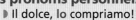 → p. 100

La traduction de « il (me) faut »
▶ ci vuole troppo tempo
▶ ci vogliono 3 pomodori per il sugo
▶ mi serve la carne
▶ mi servono la ricotta e il pecorino

Observe ces exemples. Comment traduit-on en italien les expressions « il faut » et « il me faut » ? Quelle est la différence d'emplois entre ci vuole/mi serve *et* ci vogliono/mi servono ?

Les pronoms personnels COD   p. 61
▶ Il dolce, lo compriamo!

Observe cet exemple: à quoi se rapporte le pronom lo ?
▶ Li prendiamo al negozio di alimentari
▶ La faccio io!
▶ Le facciamo?

Réécoute le dialogue et essaie de retrouver à quoi se rapportent les pronoms ci-dessus. Que remarques-tu ?

PROGETTO INTERMEDIO   → Autoévaluation p. 102

Ascolta il messaggio, scrivi la lista e preparati per la spesa.
Tu aides une voisine âgée en lui faisant ses commissions.
Écoute son message et prends sa liste de courses en notes. Indique ensuite dans quels commerces tu devras te rendre pour faire ces achats.

CD classe   CD élève
piste 19   piste 31

Gnam!

CD classe 2 · piste 20 CD élève · piste 32 p. 61

🎧 1 Guarda, ascolta e parla

Sonia Peronaci, cuoca e fondatrice del sito web di cucina Giallozafferano.it

Guarda o ascolta la ricetta.

1. Dopo un primo ascolto, cita:
    a. il nome della ricetta.   **c.** una o due quantità.
    b. tre o quattro ingredienti.   **d.** due o tre verbi.

2. Con la tua squadra:
organizzatevi per il secondo ascolto e ritrovate:
    a. tutti gli ingredienti.   **b.** tutte le quantità.
    c. le diverse tappe della preparazione.

3. Un membro di ogni squadra presenta, all'orale, la ricetta alla classe. Vince la presentazione più dettagliata.

LESSICO

CD classe 2 · piste 21 p. 62

il cucchiaio   la padella   la grattugia   il coltello   la pentola   il mestolo

👁 2 Leggi e parla

p. 63

Finiamo con... il dessert!

CREPES DOLCI

per 8 persone - Tempo di prep. 13 min.

Ingredienti

- 1/2 litro di latte
- 250 g di farina
- 4 uova
- 50 g di burro
- 1 bustina di zucchero vanigliato
- 1 pizzico di sale

Informazioni nutrizionali per porzione

- Kcal 196
- Fibre 0,75 g
- Grassi 7 g
- Proteine 7 g
- Carboidrati 25 g

Preparazione

1 Dentro un'insalatiera, versa gradualmente la farina, le uova, lo zucchero vanigliato, un pizzico di sale ed il latte, mescolando con una frusta. Dovrai ottenere una pasta senza grumi. Poi aggiungi il burro fuso e un cucchiaio di rhum. Lascia riposare.

2 Dentro una padella molto calda, versa un po' di burro e fallo sciogliere. Versa poi un mestolo di pasta e fai cuocere per circa tre minuti.

http://www.ilgustofascuola.it

Leggi la ricetta delle crepes dolci.

1. Ritrova: a. a che cosa corripondono le seguenti cifre (durata, quantità, numero di persone): 4 – 3 – 7 – 8 – 13 – 50
    b. il nome dei diversi utensili utilizzati.
    c. i diversi verbi usati per le istruzioni.

2. Sei il conduttore di una trasmissione di cucina: presenta la ricetta.

Per aiutarti

un pizzico di: *une pincée de*
½ litro di = mezzo litro di...
20 g = venti grammi

③ Leggi e scrivi
p. 62

"Mamma, voglio fare il cuoco!"

🅕 Ⓝ 🆈

Ratatouille-mania a scuola:
un adolescente su due cucina già [...].

Sembra così giunto il momento d'oro per corsi di cucina, libri, videogiochi a tema gastronomico specificatamente rivolti ai giovani: il 70% degli adolescenti guarda infatti i programmi TV dedicati alla cucina e ben 3 su 10 sono gli appassionati che non perdono una puntata[1]. Non stupisce, allora, che la professione di cuoco sia diventata l'ispirazione di 2 ragazzi su 10. Ma lo studio rivela che la passione per la gastronomia ha radici più profonde: il 79% dei giovani dichiara infatti che ha già parlato con i genitori dell'importanza di mangiare in maniera equilibrata e cosa fare per rimanere in forma e non essere sovrappeso. E l'87% degli studenti italiani ne ha parlato, almeno una volta, in classe con gli insegnanti.

http://oggi24.it, 20 novembre 2012

1. *un épisode*

Leggi l'articolo.

1. Quale attività conosce un vero successo presso gli adolescenti? Cita le espressioni che mostrano questo successo.
2. Ritrova gli oggetti o le attività citate che illustrano la passione per la gastronomia.
3. Cita gli altri temi legati alla gastronomia che sono evocati.

GRAMMATICA → p. 100

L'impératif
p. 63
▶ **Vers**a la farina. (versare) - **Lasci**a riposare. (lasciare) - **Aggiung**i il burro. (aggiungere)
▶ **Fini**amo. (finire)
▶ **Non rinunci**ate. (rinunciare)

Que remarques-tu au sujet de la terminaison des verbes à l'impératif ? Pour la personne du singulier, la terminaison est-elle la même pour les verbes des trois groupes ?

FONETICA
Le son -gn-
p. 63
Ripeti: → p. 101
▶ Gnam! - gnocchi - lasagne.

PROGETTO INTERMEDIO
→ Autoévaluation p. 102

Fai la voce off del video di una ricetta.
Trouve sur Internet la recette d'un plat sans commentaires et crée toi-même la bande son en italien pour la présenter et expliquer sa préparation aux internautes.

Regione che vai,
prodotti che trovi!

1 Osserva, leggi e parla

p. 64

1. Osserva i documenti 1 e 2 e ritrova:
   a. i prodotti tipici della Puglia che sono pubblicizzati.
   b. tutti gli elementi del paesaggio dei comuni rappresentati.

2. Con la tua squadra, leggi attentamente il testo del documento 1 e presenta:
   a. l'evento (luogo, data, organizzatori, sponsor…).
   b. il programma della giornata.

Per aiutarti

la cuoca	la bottiglia
il villaggio/	il barattolo
il paesino	l'olivo
il castello	le olive

Locandina della Sagra delle orecchiette

ASS. TUR. PRO LOCO DI DELICETO
in collaborazione con
l'AMMINISTRAZIONE COMUNALE organizza:

35

SAGRA DELLE
orecchiette

DELICETO
FOGGIA

5 DOMENICA AGOSTO 2012

Campo Sportivo Scarano

ore 17.00
INIZIO DEGUSTAZIONE

ore 20.30
INIZIO SERATA MUSICALE
con la musica e l'animazione del gruppo musicale ROMITO

ore 22.30
PIZZICA E TARANTELLE
con il LABORATORIO ORAFOLK

ore 23.00
Elezione "MISS NINFA DEL BOSCO 2012"

Per tutta la serata sarà possibile ammirare
ALCUNI RARI ESEMPLARI DI FIAT 500,
a cura del "FIAT 500 CLUB ITALIA" di Foggia.

Per i più piccini animazione e divertimento con gonfiabili di TRILLY

1

2 Leggi, scrivi e parla

p. 64

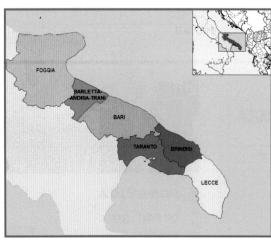

Prodotti made in Puglia

FOGGIA
BARLETTA-ANDRIA-TRANI
BARI
TARANTO
BRINDISI
LECCE

Puglia - Olio, olive e orecchiette: siamo in Puglia dove le sagre più importanti d'autunno sono quelle dedicate alla pasta fresca. Si svolge nel primo fine settimana di ottobre a Latiano, in provincia[1] di Brindisi dove le donne preparano le orecchiette chiamate "stanchioddi" che vengono conditi[2] in vari modi tra i quali sugo di braciola di cavallo, una specialità del luogo.

Ad inizio ottobre a Sannicandro (BA) si svolge la sagra delle Olive. La Puglia celebra anche le specialità dolciarie[3] con un salone dal 10 al 13 ottobre a Galatina (LE) dedicato ai più golosi[4]: gelati, torte, cioccolato…

http://www.menteantica.it

1. cinque province formano la regione Puglia.- 2. *assaisonné* -
3. *spécialités pâtissières* - 4. *gourmands*

1. Leggi il testo e ritrova:
   a. le sagre citate, i comuni e le province in cui si svolgono.
   b. il periodo dell'anno e la data di ogni sagra.
   c. tutte le specialità citate nel testo.
Apri il tuo quaderno e fai la sintesi.

2. Con la tua squadra, cerca di spiegare:
   a. quali sono gli obiettivi di queste manifestazioni.
   b. perché le sagre sono importanti.

Vince la squadra che è più precisa nella sua presentazione!

Per aiutarti

far conoscere /	tradizionale
promuovere	autentico
manifestazione	festeggiare
regionale	

Per produrre Il Miglior Olio d'oliva extravergine
[...]: bisogna innanzitutto avere rispetto per
la natura delle piante che producono le olive,
bisogna raccogliere le olive al momento giusto
e non raccogliere quando sono cadute in terra,
non si deve far passare le 48 ore tra la raccolta
e la frangitura delle olive [...].

http://www.exodus.it

Pubblicità Granoro

🔊 ❸ Guarda, ascolta e parla

CD classe 2 — piste 22
CD élève — piste 33
p. 65

1. Guarda o ascolta il servizio. Dopo indica:

a. il nome della specialità barese che si mangia con le orecchiette.

b. se la specialità è fatta a base di carne di:

❑ vitello ❑ maiale ❑ coniglio ❑ cavallo

c. quali sono le piante aromatiche usate per la preparazione:

❑ la cipolla ❑ l'aglio ❑ il tiglio ❑ il prezzemolo

d. quante ore ci vogliono per cuocere questa specialità:

❑ meno di tre ore ❑ più di tre ore ❑ circa tre ore

e. quale formaggio si usa:

❑ il Pecorino ❑ il Parmigiano ❑ la Mozzarella ❑ il Rodez

f. con che cosa si chiude la carne alla fine della preparazione:

❑ uno stuzzicadenti ❑ un filo per cucire ❑ uno stecchino

2. Con la tua squadra:

guardate o ascoltate più volte il servizio, poi indicate:

a. le differenti tappe della ricetta.

b. le espressioni che mostrano l'importanza di questa ricetta per i baresi.

GRAMMATICA

 → p. 100

La place des pronoms personnels COD

▶ E adesso abbiamo a chi chiederlo.
▶ Sarebbe stato impensabile poterlo chiudere.
▶ Dovete chiuderlo per forza con lo stecchino.

*Observe la place du pronom personnel. Comment
expliques-tu qu'il soit accolé au mot qui le précède ?*

La traduction de « il faut » p. 66

▶ bisogna innanzitutto avere rispetto
▶ bisogna raccogliere (le olive)

*Quelle expression emploie-t-on pour traduire
« il faut » devant un verbe ?*

PROGETTO INTERMEDIO

→ Autoévaluation p. 102

Crea un volantino per presentare un itinerario gastronomico
(prodotti tipici, specialità tradizionali) di una regione italiana.

1. **Choisis une région italienne que tu apprécies ou que tu aimerais découvrir.**
2. **Représente cette région avec ses différentes provinces (tu pourras trouver
   facilement sur Internet les provinces italiennes en tapant *province italiane*
   comme mot clé).**
3. **En t'aidant des sites suivants : http://www.soloprodottiitaliani.it/, http://www.
   prodottitipici.com ou d'autres sites italiens de ton choix, recherche les produits
   typiques ou les spécialités gastronomiques d'une ou plusieurs provinces.**
4. **Présente-les ensuite à la classe en mettant en avant leurs atouts !**

GRAMMATICA

La traduction de « il faut »

ci vuole, ci vogliono - ci serve, ci servono - bisogna

Plusieurs traductions sont possibles :
- *ci vuole/ci vogliono*
- *ci serve/ci servono*

L'accord du verbe se fait avec son sujet réel
(*cf. c'è/ci sono, mi piace/mi piacciono, si vede/si vedono*).

Attention ! Ces expressions sont obligatoirement suivies d'un nom.

Si, en revanche, c'est un verbe qui suit, on utilise *bisogna*.

EXEMPLES

▶ Per fare un buon sugo, **ci vogliono/ci servono** ingredienti freschi.
▶ Per fare una cucina di qualità, **ci vuole** molto tempo.
▶ **Bisogna** scegliere prodotti di qualità per cucinare.

1 **Choisis la traduction la plus juste dans chacune des phrases suivantes.**

1. Per mangiare sano, ... almeno cinque frutti o verdure al giorno.
2. Per fare la pasta al dente, ... cuocerla secondo le indicazioni della ricetta.
3. Per seguire la dieta mediterranea, ... prodotti naturali.
4. ... molto tempo per preparare un buon ragù.
5. ... la ricetta della nonna per fare le orecchiette pugliesi.
6. Non ... avere fretta per cucinare piatti deliziosi.

Les pronoms personnels compléments d'objet direct

I pronomi personali complemento diretti

Les pronoms personnels COD sont placés juste devant le verbe conjugué. Ils servent à remplacer le COD de la phrase pour éviter les répétitions.
Dans les trois cas suivants : verbe à l'infinitif, à l'impératif ou au gérondif, ces pronoms sont collés à la fin du verbe (et le -e final de l'infinitif disparaît dans ce cas).

Masculin		Féminin	
Singulier	**Pluriel**	**Singulier**	**Pluriel**
mi	ci	mi	ci
ti	vi	ti	vi
lo	li	la	le

EXEMPLES

▶ La pizza, la mangio volentieri.
▶ Il ristorante, non lo trovo sulla guida.
▶ Il conto, pagalo!
▶ La bistecca, bisogna cuocerla alla griglia.

2 **Complète les phrases suivantes avec le pronom COD.**

1. I legumi, ... compriamo al negozio d'alimentari
2. Il formaggio, ... prendo al supermercato
3. La cena di Capodanno, ... festeggiamo tra amici
4. Tutte le ricette, ... faccio da solo
5. Le patate, dobbiamo tagliar ... a cubetti.

L'impératif

L'imperativo

Comme en français, le mode impératif s'emploie pour donner des conseils ou des ordres. Il comporte trois personnes : *tu, noi* et *voi,* mais ces pronoms sujets ne sont pas employés dans la phrase à l'impératif.

	Verbes en -are	Verbes en -ere	Verbes en -ire
	cucinare	**prendere**	**servire**
2ᵉ pers. du sing.	cucina	prendi	servi
1ʳᵉ pers. du plur.	cuciniamo	prendiamo	serviamo
2ᵉ pers. du plur.	cucinate	prendete	servite

Les personnes du pluriel sont identiques au présent de l'indicatif.

L'impératif négatif, à la 2ᵉ personne du singulier négative, se forme en utilisant *non* suivi du verbe à l'infinitif. Dans tous les autres cas, il suffit de faire suivre *non* de la forme verbale voulue.

EXEMPLES

▶ Non mangiare troppo velocemente.
▶ Non dimenticate di salare l'acqua della pasta.

3 Transforme les phrases suivantes à l'impératif (1ʳᵉ et 2ᵉ pers. du plur.) :

1. (lavare) i peperoni.
2. (asciugare) tutte le verdure.
3. Non (cucinare) senza la ricetta.
4. (aggiungere) il basilico.
5. (mettere) la pentola sul fuoco.
6. Non (fare) bollire il ragù per la bolognese.
7. (scolare) gli spaghetti.
8. (finire) di apparechiare la tavola e (servire) la pasta!

4 Donne les mêmes consignes à la 2ᵉ personne du singulier (tu).

5 Traduis la recette de l'omelette (la frittata).

Ingrédients :
6 œufs • 1 verre de lait • poivre et sel • jambon ou champignons

Préparation :
■ Mélange les œufs et le lait.
■ Ajoute le sel et le poivre.
■ Prépare une poêle avec du beurre.
■ Verse les œufs et le lait mélangés dans la poêle chaude.
■ Ne fais pas cuire trop vite l'omelette.
■ N'oublie pas d'ajouter du jambon ou des champignons.

PRONUNCIA

Le son *gn-*

Essaie de lire les mots suivants, de les mémoriser puis de les répéter livre fermé. Tu peux aussi inventer un *scioglilingua* !

▶ gli gnocchi
▶ lo gnomo
▶ magnanimo
▶ fare lo gnorri (far finta di non capire)

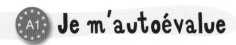

Pronti per il progetto?

A1 Je m'autoévalue

AUTOÉVALUATION 1 **Pour faire la liste des courses**

- **Je sais :**
  - reconnaître les noms des aliments étudiés et les prendre en note.
  - repérer les quantités.
  - sélectionner les informations utiles dans un document sonore.

- **Je peux :**
  - associer à une liste d'aliments et d'articles les commerces où l'on peut se les procurer.

→ **Progetto intermedio p. 95**

AUTOÉVALUATION 2 **Pour faire la voix off d'une recette filmée**

- **Je connais :**
  - le vocabulaire des aliments présents dans la recette.
  - le nom des ustensiles nécessaires à sa réalisation.
  - les verbes utiles à la description de la préparation.

- **Je peux :**
  - adapter mon discours aux images.
  - faire preuve de précision dans mes consignes.

- **Je sais utiliser :**
  - l'impératif.
  - une ou deux traductions de « il faut ».

→ **Progetto intermedio p. 97**

AUTOÉVALUATION 3 **Pour créer le prospectus d'une région italienne**

- **Je connais :**
  - le nom d'une région italienne ainsi que celui d'un ou plusieurs produits et/ou spécialités qui y sont associés.

- **Je peux :**
  - recréer de façon schématique la carte d'une région avec ses différentes provinces et y tracer un circuit gastronomique.
  - préciser le lieu précis, la date ainsi que quelques événements de la *sagra* choisie.
  - expliquer de façon simple l'importance de l'événement et du produit pour la région en question.

- **Je sais utiliser :**
  - une traduction de « il faut ».
  - si nécessaire, les pronoms personnels COD avec l'infinitif ou l'impératif.

→ **Progetto intermedio p. 99**

Tocca a te!

Con il tuo professore, scegli uno o due di questi progetti.

---

1   Fa' l'animatore di una trasmissione di cucina.

 Présente devant la classe une recette italienne de ton choix.

1. Prépare chez toi les différentes étapes de la recette (ingrédients, quantités, préparation…).
2. À l'oral, pendant la présentation :
   – tu annonces les ingrédients et les quantités précises (utilisation de la traduction de « il faut »),
   – tu précises les grandes étapes de la préparation,
   – tu ajoutes des commentaires personnels.

---

2   Fa' il progetto di un pranzo italiano.

1. Consulte sur Internet des sites de recettes et de produits italiens (par exemple : http://www.giallozafferano.it , http://www.prodottitipici.com…).
2. Choisis une entrée *(un primo)*, un plat *(un secondo)*, un fromage et un dessert.
3. Réalise sur un panneau le menu en indiquant pour chaque plat ou produit des précisions (région d'origine, fabrication, caractère traditionnel…).
4. Tu pourras envisager une animation (musique, sketch…) en rapport avec les caractéristiques du menu.

---

3   Crea la pubblicità di un prodotto italiano.

Trouve un produit italien typique et fais-en la promotion avec un camarade.

 Avec ton camarade :

1. Choisissez un produit et trouvez-en une illustration (image, photo, dessin…).
2. Préparez un dialogue dans lequel l'un de vous interroge l'autre au sujet du produit (origine, caractéristiques principales, composition s'il s'agit d'une spécialité…).
3. Jouez la scène devant la classe.

---

4   Per il tuo corrispondente, realizza un libro di ricette.

Choisis une recette française simple que tu sais faire ou qui te plaît et présente-la en italien, sur une page, accompagnée éventuellement d'une photo que tu auras faite toi-même.

1. Décris d'abord la liste des ingrédients nécessaires ainsi que les quantités.
2. Précise les différentes étapes de la préparation en utilisant l'impératif à la deuxième personne et/ou une traduction de « il faut ».
3. Ajoute quelques commentaires personnels que tu juges utiles.

La tarantella

La Tarantella, artista italiano anonimo, XVIII secolo

Danza tradizionale del Mezzogiorno. L'origine del nome è sia Taranto (seconda città della Puglia) o la tarantola (ragno velenoso), il cui morso provoca – a quel che si dice – gesti isterici. Anche Spiderman è stato morso da un ragno, chi sa se danza la tarantella?

1. Presenta la tarantella (arte, città e regione di origine...).
2. Ritrova quale credenza esiste intorno alla tarantella.
3. Ascolta una tarantella (per esempio quella di Rossini) e proponi due o tre aggettivi per qualificare questa musica.

Castel del Monte

Monumento imponente, castello enigmatico, voluto dall'imperatore Federico II (1240). La sua forma ottagonale è stata forse un modello per lo sviluppo successivo dell'architettura ideale del Rinascimento (cf. Unità 4). L'ottagono richiamava la forma della corona di Federico e anche le otto porte della Gerusalemme Celeste.

1. Quante torri e quanti lati ha il castello? Qual è la forma delle torri?
2. Ritrova le caratteristiche dell'edificio e di' che impressione ti fa questo castello.

Lecce

La Cattedrale

La chiesa Santa Croce

La Firenze barocca del Mezzogiorno, capitale ricca di monumenti (barocco leccese) dove domina il colore giallo della pietra che dà alla città un aspetto teatrale.

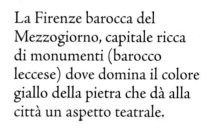

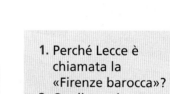

1. Perché Lecce è chiamata la «Firenze barocca»?
2. Quali punti in comuni e hanno le tre chiese?
3. Come puoi definire lo stile barocco? Scegli due parole che lo caratterizzano meglio: bello? Semplice? Elegante? Sofisticato? Esuberante?

La chiesa Santa Chiara

Tutto il mondo è

CD classe 2 · piste 23 · p. 67

casa mia

Dans cette unité

Tu vas apprendre à
- présenter les membres d'une famille
- décrire un logement
- sélectionner une annonce pour rechercher un logement
- faire un programme d'activités pour les vacances

Tu vas utiliser
- les adjectifs possessifs avec les noms de parenté
- le comparatif
- le présent des verbes pronominaux

Tu vas découvrir
- les différents types de famille
- quelques hauts lieux du tourisme

PROGETTO FINALE

Tu vas choisir entre

1. Convaincre tes camarades sur le choix d'un logement pour vos vacances entre amis

2. Participer à un concours d'architectes en imaginant une maison de vacances

3. Réaliser un diaporama pour présenter tes vacances idéales

4. Proposer à ton correspondant un road-trip en Italie, auquel tu participerais avec toute ta famille

Famiglie di oggi

 1 Ascolta e parla

CD classe 2 — piste 24   CD élève — piste 34   p. 67

Ascolta il dialogo.

1. Trova chi sono i personaggi, dove si trovano e di che cosa parlano.
2. Indica il programma estivo di ogni personaggio e precisa le date e destinazioni di ognuno.
3. Con la tua squadra, scegli uno dei personaggi e indica con quali membri della famiglia il personaggio passa le vacanze.

 2 Leggi e parla

p. 68

UNA SERIE TV

i cesaroni

Casa Cesaroni
Giulio, oste e padre di famiglia: Claudio Amendola
Marco, figlio di Giulio: Matteo Branciamore
Rudi, figlio di Giulio: Niccolò Centioni
Mimmo, figlio di Giulio: Federico Russo
Alice, figlia di Lucia: Micol Olivieri
Maya, la principessa: Nina Torresi

Tra Roma e Parigi
Lucia, quasi ex moglie di Giulio: Elena Sofia Ricci
Eva, figlia di Lucia: Alessandra Mastronardi

Casa Cesaroni/2
Cesare, fratello e socio di Giulio: Antonello Fassari
Pamela, moglie di Cesare: Claudia Muzii
Matilde, figlia di Pamela: Angelica Cinquantini

I Cesaroni è una serie tv prodotta dal 2006. I protagonisti[1] di questa fiction sono una famiglia allargata, i Cesaroni, composta da due ex fidanzati[2], Giulio (Claudio Amendola) e Lucia (Elena Sofia Ricci), che riscoprono il loro amore, si sposano[3] e vanno a vivere a casa di lui con i tre figli di lui e le due figlie di lei. Intorno alle loro storie si intrecciano quelle di amici e parenti[4]. La fiction è una delle prime che affronta il tema della famiglia allargata e della convivenza[5] sotto lo stesso tetto con i fratellastri e i nuovi compagni dei rispettivi genitori[6].

http://tv.fanpage.it

1. i personaggi - **2.** ex-*fiancés* - **3.** *se marient* - **4.** *membres de la famille* - **5.** *la cohabitation* - **6.** *parents*

Leggi il documento.

1. Trova che cos'è *I Cesaroni*.
2. Spiega perché la famiglia citata è una famiglia allargata.
3. Vai sul sito http://www.icesaroni.it/ e scegli uno dei personaggi della fiction per presentarlo alla classe. Pensa a indicare chi è rispetto agli altri membri della famiglia.
4. Di' quali sono i punti in comune e le differenze tra questa famiglia, la famiglia di Matteo e la famiglia di Sara.

3 Leggi, parla e scrivi

p. 69

Le nuove famiglie

La società si sviluppa e quindi la famiglia cambia. La famiglia è una fondamentale istituzione della società però è profondamente trasformata negli ultimi anni. La struttura della famiglia degli ultimi trenta anni è molto diversa dal modello tradizionale. Secondo i sociologi oggi esistono diversi tipi di famiglia, quella nucleare[1], quella estesa, quella multipla, quella senza struttura coniugale e quella solitaria.

Johanna Viggosdottir,
Fare famiglia in Italia

1. famiglia nucleare = famiglia composta da padre, madre e figli

1. **Leggi il documento. Ritrova:**
   a. la definizione generale della famiglia.
   b. i modelli di famiglia citati.
   c. **Con la tua squadra:**
   scegliete uno di questi modelli e provate a darne una definizione.

2. **Osserva la foto e indica:**
   a. chi sono secondo te i membri di questa famiglia.
   b. a quale modello famigliare appartengono.
   c. **Con la tua squadra:** stampate tre o quattro foto di famiglie su internet per fare un gioco dell'*Indovina chi è* con le altre squadre.

→ p. 114

GRAMMATICA

Les adjectifs possessifs avec les noms de parenté

p. 70

▶ mio padre, sua moglie, tua madre, sua figlia
▶ i miei genitori, le mie cugine
▶ la mia zia preferita, il mio patrigno

Tu connais déjà les adjectifs possessifs.
Que remarques-tu dans les exemples ci-dessus ?
Selon toi, dans quels cas faut-il employer l'article devant le possessif ?

PROGETTO INTERMEDIO

→ Autoévaluation p. 116

Presenta alla classe la «tua» famiglia.

Compose une famille imaginaire (célèbre, idéale, drôle, explosive…) que tu devras présenter à ta classe. Si tu préfères, tu peux également présenter à tes camarades ta famille réelle.

1. *Choisis 10 membres de « ta » famille, des moins jeunes aux plus jeunes.*

2. *Présente-les, en indiquant leur lien avec toi et en décrivant brièvement leur caractère ou leur aspect physique.*

Tu peux créer toute sorte d'arbre généalogique et l'utiliser comme support pour ta présentation orale.

Casa, dolce casa...

1 Ascolta e parla

CD classe 2 — piste 26   CD élève — piste 35   p. 70

Ascolta il dialogo.

1. Presenta la scena (chi sono i personaggi e qual è la situazione).

2. Trova tutte le informazioni sui membri della famiglia di Matteo presenti nella scena.

3. Con la tua squadra, rileva le caratteristiche della casa di vacanze di Matteo.

LESSICO   CD classe 2 — piste 26   p. 70

il bagno · la cucina · il garage · il giardino · il soggiorno · la camera · l'angolo pranzo · lo studio · il salotto · la terrazza

2 Leggi, scrivi e parla

p. 71

La casa ideale degli europei

Germania e Spagna sono i due paesi con il maggior numero[1] di abitazioni di recente costruzione. Le case più grandi invece, si trovano in Italia, dove la superficie media è di 92 metri quadrati[2]. In Spagna e in Polonia l'80 per cento circa della popolazione risiede in una casa di proprietà, ma anche in Francia e nel Regno Unito sono molti coloro che hanno comprato lo stabile in cui abitano. Chi spende[3]

5 di più per la casa sono i Francesi, i Tedeschi e gli Spagnoli, che vi destinano circa il 30 per cento del budget, seguiti dagli Italiani (22 per cento) e dagli Inglesi (16 per cento). [...]
Un'ampia percentuale[4] del campione preso in esame svolge un'attività lavorativa in cucina, soprattutto Inglesi ed Italiani, mentre i Francesi indicano la camera da letto quale potenziale ambiente da dedicare al lavoro. Quasi tutti, ma soprattutto chi lavora a casa (un 15 per cento) vorrebbero disporre

10 da un apposito locale da adibire ad home office. La camera da letto sembra invece essere l'ambiente preferito dai più per l'uso del computer e per la lettura, a cui ci si dedica anche in sala da pranzo o in salotto. La TV si trova generalmente in soggiorno o in cucina; i Francesi sono gli unici ad ammettere di guardarla anche in camera da letto. Il divano è per tutti gli Europei un pezzo d'arredo irrinunciabile, anche se destinato ad usi differenti: per Inglesi e Tedeschi è infatti il luogo dello svago[5], per gli

15 Italiani un letto provvisorio.

http://www.arredamento.it

1. *le plus grand nombre* - 2. metri quadrati = m^2 - 3. *ceux qui dépensent* - 4. *un large pourcentage* - 5. *distraction*

Leggi il documento.

1. Ritrova i paesi europei citati. Per ogni paese, rileva l'informazione data nel primo paragrafo dell'articolo.

2. Ritrova nell'articolo i nomi delle stanze di casa e indica quali attività gli Europei associano ad ogni stanza.

3. **Con la tua squadra,** scegli un popolo dell'articolo e presenta alla classe le sue abitudini di vita a casa.

4. **Con la tua squadra,** scrivi almeno cinque domande per fare un sondaggio in classe sulle abitudini e le stanze preferite dai tuoi compagni.

3 Leggi, ascolta e parla

CD classe 2 — piste 28
CD élève — piste 36
p. 72

 **immobiliare.it** il numero 1 degli annunci immobiliari

| **Lista** | **Mappa** | **Tabella** | **Fotogallery** | ordine Più rilevanti ⬍ |

Descrizione

Nei pressi della Via del Mare, in contesto tranquillo e riservato, affittasi annualmente appartamento tipologia trivano con terrazzo al primo ed ultimo piano.
L'immobile si compone di una terrazza antistante, ingresso, soggiorno, angolo cottura con camino, disimpegno, bagno finestrato e due spaziose camere da letto di cui una con balcone.

Dettagli

Tipologia:	appartamento	Cucina:	angolo cottura	Totale Piani:	2	Stato:	buono/abitabile
Contratto:	affitto	Terrazzo:	sì	Box:	no		
Superficie:	60 m²	Balcone:	sì	Giardino:	nessuno		
Locali:	3	Piano:	1	Arredamento:	arredato		

Descrizione

Cagliari Via Cagna: Affittasi attico panoramico soggiorno, cucina abitabile, **4** camere, **3** bagni, ripostiglio, **2** balconi, posto auto, molto luminoso.
L'abitazione fa parte di un palazzo signorile, si trova al piano settimo è molto luminoso e possiede una terrazza sovrastante con vista sul golfo di Cagliari.

Dettagli

Tipologia:	appartamento	Balcone:	sì
Contratto:	affitto	Piano:	ultimo
Superficie:	180 m²	Totale Piani:	7
Locali:	5	Ascensore:	sì
Bagni:	3	Box:	posto auto
Condizionatori:	sì	Giardino:	nessuno
Cucina:	abitabile	Stato:	ottimo/
Terrazzo:	sì		ristrutturato

Descrizione

CAGLIARI, elegante appartamento ad uso abitazione arredato nell'esclusivo Condominio dei Punici, dotato di ampia piscina. È composto da 1 ingresso soggiorno con angolo cottura, 1 camera, 1 bagno, 1 disimpegno, terrazzino e giardino privato. È luminoso ed elegante. La superficie commerciale è di 63 mq.

Dettagli

Tipologia:	appartamento	Balcone:	sì
Contratto:	affitto	Totale Piani:	3
Superficie:	63 m²	Giardino:	privato
Locali:	2	Arredamento:	arredato
Bagni:	1	Stato:	nuovo/in
Cucina:	angolo cottura		costruzione

Leggi il documento.

1. **Con la tua squadra:** scegliete uno di questi annunci e presentate l'alloggio alla classe indicando se vi piace e perché.

2. Ascolta i tre personaggi che parlano e trova quale annuncio corrisponde meglio alla loro situazione.

3. Anche tu vai sul sito www.Immobiliare.it, scegli una destinazione in Italia e trova l'alloggio ideale per le vacanze.

GRAMMATICA → p. 115

p. 72

Le comparatif

▶ Sei più alto di me!
▶ È più grande del soggiorno della casa di mamma!
▶ È un po' meno luminoso del nostro.
▶ Ci piace più stare tranquilli a casa che visitare e correre.

Observe la construction du comparatif en italien et repère ce qui change par rapport au français. Lequel des trois exemples ne diffère pas ? À ton avis pourquoi ?

→ **Autoévaluation p. 116**

PROGETTO INTERMEDIO

Fa' la visita guidata di una casa o di un appartamento.

Réalise la vidéo d'une visite guidée et commentée d'un logement de ton choix pour l'envoyer à ton correspondant.

Vacanze da sogno!

1 Ascolta e parla

CD classe 2 · piste 28   CD élève · piste 37   p. 73

1. Ascolta le interviste dei giovani e indica:

    a. le diverse destinazioni scelte dai giovani.
    b. con quali persone partiranno in vacanza.
    c. quali attività faranno.

2. Con la tua squadra:

    a. fate il ritratto del giovane vacanziere italiano insistendo sui suoi gusti (tipo di vacanze, compagnia, programma…).
    b. fate un sondaggio in classe e paragonate i risultati con il profilo dei giovani vacanzieri italiani.

Vince la squadra che è più precisa nella sua presentazione!

LESSICO

CD classe 2 · piste 29   p. 73

svegliarsi   alzarsi   lavarsi   pettinarsi

vestirsi   riposarsi   divertirsi

2 Leggi, osserva e parla

p. 73

LUPO ALBERTO
una vacanza d'Egitto!

1. Leggi il fumetto e ritrova:
    a. il luogo delle vacanze, il nome di alcuni personaggi.
    b. i luoghi e i monumenti da visitare.

2. Con la tua squadra: fate la sintesi e indicate:
    a. chi sembra felice e chi, invece, è deluso. Citate alcune parole o espressioni per giustificare la vostra risposta.
    b. i diversi tipi di vacanza evocati dai personaggi dell'ultima vignetta (luogo, durata delle vacanze, alloggio).

3. E tu, che tipo di vacanza preferisci: una vacanza culturale o una al mare? Spiega perché. Puoi utilizzare «mi piace/non mi piace».

Per aiutarti

- essere deluso: *être déçu*
- la delusione: *la déception*
- la gallina: *la poule*
- il maiale: *le cochon*

 **Leggi e parla**
p. 74

In questi giorni terminano le scuole e per alcuni di voi sarà quindi arrivato il periodo di partire per le vacanze. Ebbene, io ora vi chiedo: quali sarebbero le vostre vacanzi ideali? Dove andreste, cosa (e come) vorreste visitare? Dite la vostra...

pionier100

7 luglio, 11.00

Re: Le vostre vacanzi ideali

VADEMECUM
L'Italia ha posti straordinari... C'è solo l'imbarazzo della scelta. Scelte mirate. Cultura, pittura, scultura, Arte... sehhhh... Secondo me. Firenze è la regina.
Architettura... Venezia è splendida, e non solo lungo il canal grande, ma, all'interno ci son scorci straordinari.
Il mare... sehhh... Con migliaia di km. di coste splendide, specialmente al sud e non solo...
La montagna... sehhh... Le Dolomiti... con tutti i paesi e cittadine che le attorniano...
Insomma... Dipende dalle preferenze e da cosa uno cerca nelle vacanze... Relax.?... Vita attiva notturna?
Quante alternative... Importante è essere sicuri e decisi nelle scelte.

Yesterday

14 luglio, 19.22

Re: Le vostre vacanzi ideali

La mia vacanza ideale (senza stare a pensare a lunghissimi viaggi aerei per raggiungere questa o quella isola tropicale) è il ROAD-TRIP. Minimo in due, massimo in quattro. Poter partire anche con poco preavviso e con un minimo di organizzazione (es. avere prenotato solo per i primi giorni e poi... all'avventura!); niente limiti di tempo; budget limitato ma ragionevole; andare dove si vuole e fermarsi quando si vuole. Finora ne ho fatti cinque: due negli States e tre in Francia, ai quali se ne aggiungerà un sesto il prossimo agosto.

Leggi il documento.

1. Con la tua squadra:

  a. ritrovate tutti i mezzi di trasporto citati.
  b. indicate i diversi tipi di vacanza evocati precisando i luoghi e le attività corrispondenti.
  c. precisate le diverse aspirazioni dei giovani.

2. Ogni membro della squadra presenta, in una sola frase, le sue vacanze ideali o da sogno. Cominciate la vostra frase con «Vorrei...».

Esempio: Vorrei andare in Italia con mio fratello per visitare, da soli, i monumenti antichi di Roma...

GRAMMATICA
p. 74

Les verbes pronominaux

  ❯ mi sveglio   ❯ abbronzarsi
  ❯ ci alziamo   ❯ divertirsi

Observe ces verbes. Tu peux constater qu'ils sont tous accompagnés d'un pronom.

Quels verbes de ce type connais-tu déjà ? Peux-tu en donner la première et la troisième personne du singulier ?

PROGETTO INTERMEDIO

➔ **Autoévaluation p. 116**

Presenta le tue vacanze ideali

  1. *Choisis une destination, un type de logement, différentes activités possibles.*
  2. *Présente le programme détaillé d'une journée type.*

GRAMMATICA

Les possessifs avec les noms de parenté

I possessivi

Contrairement à la règle générale d'emploi du possessif (*cf.* U6), une exception importante est l'usage avec les noms de parenté : **l'absence de l'article**.

EXEMPLES

❯ mia sorella
❯ tuo padre
❯ sua nonna

Il existe des exceptions à cette exception, donc nous retrouvons l'article dans les quatre cas suivants lorsque le nom est :

– au pluriel

EXEMPLES

❯ **le** mie sorelle
❯ **le** sue nonne

– suffixé

EXEMPLES

❯ **il** tuo patrigno
❯ **la** mia sorellina

– accompagné d'un adjectif :

EXEMPLES **la** mia vecchia nonna

– employé avec *loro*

EXEMPLES

❯ **la** loro sorella
❯ **i** loro cugini

1 **Complète avec le possessif. N'oublie pas l'article quand il est nécessaire.**

1. Mi piace andare in montagna con … fratellino.
2. Adoro passare le vacanze al mare con … cugini.
3. Preferisco ritrovare … zio a Firenze per le ferie.
4. Di solito, vado allo stadio con … padre.
5. ….. patrigno viene spesso con … figlia la domenica.
6. … fratellastro si è sposato; … moglie è gentilissima.

2 **Modifie les expressions suivantes pour rendre l'article obligatoire.**

1. mia cugina
2. tuo zio
3. suo fratello
4. nostro nipote
5. vostra sorella

3 Traduis la carte postale suivante.

Chère grand-mère,

Je suis en vacances au bord de la mer avec ma petite soeur et mon grand frère chez nos cousins. Mon père est resté en ville pour travailler. Ma mère et ma tante s'occupent de nous. Nous attendons avec impatience l'arrivée de notre oncle préféré Alberto.

Toute la famille t'embrasse.

Giada

Les comparatifs

I comparativi

On utilise, selon la nature du mot comparé :
– *più ... di* ou *più ... che* pour la supériorité,
– *meno ... di* ou *meno ... che* pour l'infériorité.

Devant un nom ou un pronom, *di* s'impose.

EXEMPLES Lisa è più attenta di Giada.

Di se contracte avec l'article défini qui le suit (*cf.* Unità 3, Grammatica).

Dans tous les autres cas, on emploie *che*, notamment pour comparer deux quantités, deux verbes, deux adverbes ou deux adjectifs.

EXEMPLES

▶ Ho letto più fumetti che romanzi.
▶ Francesco è più astuto che intelligente.

4 *Di* ou *che* ? N'oublie pas la contraction de *di* en cas de besoin.

1. Pisa si trova più a sud … Nizza.
2. Tuo nonno è meno vecchio … mio zio.
3. Le ferie in montagna sono più sportive … rilassanti.
4. La città è più rumorosa … campagna.
5. La mia camera è più piccola … cucina.
6. Il nostro appartamento è meno piacevole … residenza al mare.
7. Questo villino ha più camere … bagni.

5 Traduis les phrases suivantes.

1. Ma famille est plus riche que la tienne.
2. Mon petit frère est moins attentif qu'intelligent.
3. La plage est plus proche de notre villa que la gare.
4. Il y a plus de touristes étrangers que d'italiens.
5. En été, la montagne est moins fréquentée que la mer.
6. Je lis plus de bandes dessinées que de livres d'histoire.

Verbes pronominaux

I verbi riflessivi

À l'infinitif, le pronom personnel réfléchi est collé à la fin du verbe (enclise) et le *-e* final tombe. Pour le conjuguer, le pronom personnel reprend, en général, sa place devant le verbe.

EXEMPLES

		lavare → lavarsi
io	mi chiamo	mi lavo
tu	ti chiami	ti lavi
lui/lei	si chiama	si lava
noi	ci chiamiamo	ci laviamo
voi	vi chiamate	vi lavate
loro	si chiamano	si lavano

6 Décris le début de la journée de tous les membres de ta famille (utilise *lui/lei, noi, loro*). Essaie de faire une petite phrase complète avec chacun des verbes suivants.

1. svegliarsi
2. alzarsi
3. lavarsi
4. pettinarsi
5. divertirsi
6. riposarsi

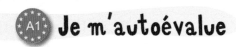

Pronti per il progetto?

A1 Je m'autoévalue

Pour présenter ma famille réelle ou imaginaire

■ **Je peux:**

▶ réaliser un arbre généalogique clair à partir de photos ou de dessins en me situant au bon endroit.

▶ faire une introduction générale pour indiquer le type de famille présenté.

▶ décrire dans le détail les membres de cette famille en les présentant (nom, âge, lieu d'habitation, profession,…), en décrivant leurs caractéristiques physiques ou leur caractère.

■ **Je sais utiliser:**

▶ les noms de parenté au singulier et au pluriel.

▶ les adjectifs qui caractérisent les différents types de familles actuelles.

▶ les adjectifs possessifs avec des noms de parenté.

→ **Progetto intermedio p. 109**

Pour faire la visite guidée d'un logement

■ **Je peux:**

▶ enregistrer une vidéo sans le son de mon logement ou en dessiner un plan détaillé sur une affiche.

▶ introduire ma présentation orale en présentant les caractéristiques générales du logement (type d'habitation, surface, zone géographique,…).

▶ décrire dans le détail chacune des pièces du logement en indiquant leurs caractéristiques (surface, localisation, luminosité, état, mobilier,…) et les activités que l'on peut y faire.

▶ conclure la présentation orale en indiquant les aspects positifs et négatifs du logement visité.

■ **Je sais utiliser:**

▶ les noms des pièces de la maison.

▶ les prépositions spatiales et les expressions de localisation.

▶ les comparatifs de supériorité et d'infériorité.

→ **Progetto intermedio p. 111**

Pour présenter mes vacances idéales

■ **Je peux:**

▶ créer un projet de vacances complet à partir de recherches sur internet et de documents (destination, dates, logement, programme d'activité).

▶ rassembler ces informations sur un diaporama ou une affiche.

▶ présenter les caractéristiques de ce séjour en essayant de convaincre mes camarades.

▶ présenter le programme d'une journée type en justifiant le choix des activités.

▶ conclure ma présentation en rappelant les atouts de mon projet et en invitant mes camarades à voter pour mon séjour.

■ **Je sais utiliser:**

▶ les adjectifs étudiés dans la leçon pour qualifier la destination choisie et le programme établi.

▶ les verbes pronominaux pour présenter le programme d'une journée type.

▶ le lexique des vacances (moyens de transport, activités, zones géographiques,…).

→ **Progetto intermedio p. 113**

Con il tuo professore, scegli uno o due di questi progetti.

1

Trova l'alloggio perfetto per una vacanza con gli amici

Des amis italiens se retrouvent pour choisir ensemble le logement à louer pour leurs prochaines vacances.

1. Choisissez ou tirez au sort la destination de ce séjour.

2. Sur le site www.Immobiliare.it , recherche et sélectionne la petite annonce du logement qui te plaît et imprime-la en plusieurs exemplaires.

3. Avec tes camarades, jouez la saynète autour d'une table d'un groupe de jeunes italiens qui se réunissent pour choisir leur logement de vacances : comparez chacune des annonces retenues et essayez de convaincre vos camarades à partir de vos préférences personnelles.

4. À la fin de la saynète tout le monde doit d'être mis d'accord sur le choix du logement.

2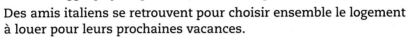

Architetti in erba! Partecipa a un concorso di architettura e immagina la casa ideale per le vacanze

1. Dessine sur une grande affiche ou sur un logiciel de dessin les plans de ta maison de vacances (un dessin par étage).

2. Equipe chacune des pièces du logement avec le mobilier et les objets de ton choix (en dessins ou montage photo).

3. Recherche le vocabulaire inconnu indispensable pour ta présentation orale.

4. Présente ton projet à l'oral en insistant sur l'originalité et les atouts de ton logement.

3

Viaggiamo con la mente! Crea l'album delle tue vacanze ideali.

1. Fais des recherches sur la destination de ton choix afin d'établir un programme de séjour et d'enregistrer des photos pour ta présentation.

2. Réalise un diaporama de tes vacances idéales en illustrant chacun de tes choix (destination, moyen de transport, nombre de personnes, logement, programme de visites)

3. Rédige sur une diapositive une brève présentation de quelques monuments ou attractions célèbres de ta destination ou à proximité.

4. Crée le programme d'une journée type sous forme de tableau et conclus ton diaporama.

5. Présente ton travail à la classe et réponds aux questions de tes camarades

---

4

Con il tuo corrispondente, immaginate un road-trip dalla Francia all'Italia da fare insieme con le vostre famiglie.

1. Rédige quelques questions à soumettre à ton correspondant pour connaître les lieux qu'il aimerait visiter en France ainsi que ses préférences pour passer les vacances.

2. Choisis les villes italiennes que tu aimerais visiter et à partir des réponses de ton correspondant établis l'itinéraire de votre road-trip.

3. Envoie-lui le programme rédigé et l'itinéraire de votre parcours en précisant le déroulement du séjour et demande-lui de compléter selon ses préférences.

Evviva le vacanze!

1. Valle d'Aosta, Cervinia
Stazione sciistica familiare molto frequentata.

3. Agriturismo, Toscana
L'agriturismo si sviluppa sempre più in tutta Italia: si tratta di ex fattorie riabilitate e trasformate in residenze per le ferie. Generalmente sono situate in mezzo a una proprietà agricola.

5. Sardegna
Vicino alle spiagge sarde si trovano questi monumenti chiamati *nuraghi* la cui origine resta misteriosa: torri, fortezze, piazzeforti, castelli? Si trovano anche nell'entroterra, quasi sempre su una collina.

L'Italia, una delle principali destinazioni turistiche mondiali, offre una diversità di luoghi propizi alle vacanze per tutti: città d'arte, paesaggi favolosi, siti stupendi. Mare, montagna, campagna offrono destinazioni di vacanze rilassanti e culturali al mondo intero. Vicino ad ogni villeggiatura, c'è sempre qualche testimonianza della cultura italiana ricchissima…

2. Spiagge dell'Adriatico, Pescara
Da Rimini a Pescara, l'industria balneare si estende su centinaia di chilometri.

I Borghi più belli d'Italia
Uno dei Borghi più belli d'Italia

4. Castel del Monte, Abruzzo
Da non confondere con Castel del Monte in Puglia (*Scopriamo,* Unità 6), il paese fa parte dei «borghi più belli d'Italia» caratterizzati dalla maestà del luogo e dalla situazione particolare.

5. Taormina, Sicilia
Teatro greco-romano che si affaccia sul mare con sullo sfondo il vulcano Etna; numerose spiagge si stendono tra Taormina e l'Etna.

1. Fra tutti questi luoghi, quale preferisci e perché?
2. Puoi completare questo panorama con un luogo di vacanze che ti piace particolarmente. Proponi una foto e spiega perché ti piace molto.

Natale con i tuoi...

Tradizioni natalizie in Italia

*L*e tradizioni natalizie più diffuse sono il **presepe** e l'**albero di Natale**. Il **presepe** moderno rappresenta il luogo e tutti i personaggi della Natività (Gesù bambino, la Madonna, Giuseppe, un Angelo, i Re Magi). Ha origini antichissime. È un'usanza particolarmente seguita a Napoli (Campania).

Una tradizione tutta italiana è il presepe vivente. Nel 1223 a Greccio (Umbria) San Francesco d'Assisi realizza il primo presepe di questo tipo.

L'origine dell'**albero di Natale** è associata a numerose tradizioni pagane o cristiane. Nell'Europa del Nord, l'abete[1] è simbolo di lunga vita. Entra nelle case italiane alla fine del XIX secolo e diventa un costume popolare. Tradizionalmente, è presente nelle case dall'8 dicembre al 6 gennaio, giorno dell'Epifania.

La figura folkloristica di Natale è **Babbo Natale**. Deriva da un personaggio storico, il vescovo San Nicola che faceva doni ai più poveri durante il periodo natalizio. La rappresentazione moderna di Babbo Natale, vestito di rosso e con le renne, è invece abbastanza recente.

adatto da http://www.natale.it/tradizioni-natalizie

1. *le sapin*

LESSICO

il camino · l'albero di Natale · il regalo · il presepe · il prosecco · il panettone · la calza · Buon natale · TANTI AUGURI · la cartolina

Giotto, *L'adorazione dei Magi*, Cappella degli Scrovegni, Padova

Il presepe vivente di Deliceto (Foggia)

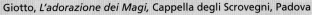

• Leggi il testo e identifica i diversi personaggi della Natività nel dipinto e nella foto.

A
chi
ama
dormire
ma si sveglia
sempre di buon
umore, a chi saluta
ancora con un bacio, a
chi lavora molto e si diverte di
più, a chi arriva in ritardo ma non
cerca scuse, a chi spegne la televisione,
a chi non aspetta Natale per essere migliore
Buon
Natale

• Crea con la tua squadra un altro calligramma di Natale. p. 76

E adesso divertiamoci con il gioco di Natale!

• Apri il tuo quaderno di attività. p. 76

La Befana vien di notte

La vera storia della Befana

Un'altra figura folkloristica di Natale è la *Befana*. La Befana è una vecchia brutta e gobba che viaggia a cavallo della sua scopa ed entra nelle case attraverso il camino.

La notte tra il 5 e il 6 gennaio, mentre tutti dormono, infila doni e dolcetti nelle calze dei bambini appese al caminetto.

Ai bambini buoni lascia caramelle e dolcetti, a quelli cattivi lascia pezzi di carbone.

La *Befana* si festeggia nel giorno dell'*Epifania*, che, di solito, chiude le vacanze natalizie.

Il termine *Befana* deriva dalla parola Epifania, la festa religiosa che ricorda la visita dei Re Magi a Gesù bambino.

adatto da http://www.carabefana.it

La Befana, Patrizia La Porta

• Descrivi l'immagine aiutandoti con il testo.

La Befana trullallà

Trullala' Trullala' Trullala'.
La Befana vien di notte,
con le scarpe tutte rotte,
con la calza appesa al collo,
col carbone, col ferro e l'ottone.
Sulla scopa per volare.
Lei viene dal mare.
Lei viene dal mare.

Gianni Morandini

• Ascolta la canzone di Gianni Morandi su Youtube e cantala con i tuoi compagni.

La Befana con il razzo

La Befana quest'anno
è arrivata a bordo di un razzo[1],
Con armadi zeppi di doni.
Davanti ad ogni armadio,
c'era un robot elettronico
Con tutti gli indirizzi dei bambini.

_____
1. *une fusée*

Non solo dei buoni, ma di tutti:
perché bambini cattivi
Non ne esistono,
e la Befana,
finalmente, lo ha imparato.

Gianni Rodari

• Leggi la filastrocca e illustrala. p. 76

La Befana non li aiuta perché
è troppo occupata.

Da allora, bussa a tutte le porte
e lascia un dono ad ogni bambino.

I Re Magi si mettono in cammino
per trovare Gesù bambino.

Bussano alla porta della casa
della Befana e chiedono la strada
per Betlemme.

Però, un po' più tardi,
pensa di aver fatto
un errore e decide
di ritrovare i Re Magi.

• Rimetti in ordine la storia della befana
e completa il fumetto.   p. 77

E adesso giochiamo con la Befana!

• Apri il tuo quaderno di attività.   p. 77

A Carnevale, ogni scherzo vale

Il Carnevale

*I*l Carnevale è una festa che si celebra nei paesi di tradizione cattolica. La parola carnevale deriva dall'espressione latina *carnem levare* (eliminare la carne) perché dopo l'ultimo giorno di Carnevale (Martedì Grasso) inizia la Quaresima, periodo di digiuno e di astinenza. Le origini risalgono all'Antichità.

Tutti i carnevali hanno caratteristiche comuni: travestimento, maschere, processioni, festeggiamenti allegri, lanci di coriandoli.

I carnevali italiani più famosi sono quelli di:
– Venezia (Veneto), conosciuto per la bellezza dei costumi dell'epoca di Casanova e delle maschere e che si apre con il volo dell'angelo,
– Viareggio (Toscana), caratterizzato da sfilate di carri allegorici con enormi caricature di uomini famosi,
– e Ivrea (Piemonte), famoso per la battaglia delle arance.

• Leggi il testo e presenta ogni foto.

Carnevale

Carnevale in filastrocca,
con la maschera sulla bocca,
con la maschera sugli occhi,
con le toppe d'Arlecchino,
vestito di carta, poverino.
Pulcinella è grosso e bianco,
e Pierrot fa il saltimbanco.
Pantalon dei Bisognosi
«Colombina,» dice, «mi sposi?»
Gianduia lecca un cioccolatino
e non ne da niente a Meneghino,
mentre Gioppino col suo randello
mena botte a Stenterello.
Per fortuna il dottor Balanzone
gli fa una bella medicazione,
poi lo consola: «È Carnevale,
e ogni scherzo per oggi vale.»

Gianni Rodari

- Ritrova il nome dei personaggi e rileva una caratteristica fisica o morale.

p. 78

LESSICO

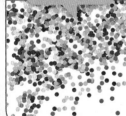

i coriandoli

la maschera
il costume
travestirsi

il carro
la sfilata
la parata

E adesso divertiamoci con il gioco del Carnevale!

- Apri il tuo quaderno di attività.

p. 79

Buone feste!

... Pasqua con chi vuoi!

Felice Pasqua!

*L*a Pasqua celebra la risurrezione di Gesù ed è la festa principale del cristianesimo. Il giorno dei festeggiamenti è la prima domenica dopo i quaranta giorni di Quaresima. La Pasqua italiana si svolge in tre giornate: il Venerdí Santo, la Domenica di Pasqua e il Lunedí di Pasqua (chiamato Pasquetta) (gli italiani amano organizzare un' escursione per Pasquetta).

Il giorno di Pasqua è anche un' occasione per fare un buon pranzo in famiglia. Ecco i principali piatti comuni a molte regioni:

– agnello (simbolo pasquale) con i piselli (segno dell' arrivo della primavera),

– cappelletti in brodo (per una cena leggera dopo il pranzo abbondante della domenica di Pasqua),

– Colomba (dolce a forma di colomba ricoperto di zucchero e mandorle),

– uovo di Pasqua (la domenica di Pasqua, i bambini guardano il cielo per vedere le campane di ritorno da Roma e i genitori nascondono le uova di cioccolato).

1

2

3

• Con la tua squadra, scegliete un piatto e presentate la ricetta alla classe.

Dall'uovo di Pasqua

Dall'uovo di Pasqua
è uscito un pulcino
di gesso arancione
col becco turchino.
Ha detto: «Vado,
mi metto in viaggio
e porto a tutti
un grande messaggio».
E volteggiando
di qua e di là
attraversando
paesi e città
ha scritto sui muri,
nel cielo e per terra:
«Viva la pace,
abbasso la guerra».

Gianni Rodari

• Impara e recita la filastrocca.

Pasquetta alla Rocca
di Lonato (Brescia)

E adesso divertiamoci con il gioco di Pasqua!

• Apri il tuo quaderno di attività.

p. 80

Précis de grammaire

I. LES OUTILS DU DISCOURS

Sommaire

II. S'EXPRIMER

II. VERBES ET TEMPS

I. LES OUTILS DU DISCOURS

1. Noms et adjectifs

En règle générale :
– Les noms et les adjectifs **masculins** ont une terminaison en **-o**.

EXEMPLES

▸ ragazz**o**   ▸ libr**o**   ▸ italian**o**

– Les noms et les adjectifs **féminins** ont une terminaison en **-a**.

EXEMPLES

▸ ragazz**a**   ▸ cas**a**   ▸ spagnol**a**

– Mais de nombreux noms et adjectifs ont une terminaison en **-e**. Ils peuvent être **masculins ou féminins**.
N.B. : Dans ce dernier cas, c'est l'article ou l'adjectif employé avec le nom qui permet de reconnaître le genre.

EXEMPLES

masculin	féminin	masculin ou féminin
il signor**e**	la mogli**e**	il client**e** inglese antipatico la client**e** inglese simpatica
l'autor**e**	la luc**e**	il corrispondent**e** italiano la corrispondent**e** tedesca

Attention ! Il y a cependant quelques exceptions :
– Certains noms masculins ont une terminaison en **-a**.

EXEMPLES

▸ il problem**a**   ▸ il poet**a**
▸ il tem**a**   ▸ il belg**a**...

– L'adjectif *belga* peut être masculin ou féminin.
Certains noms comme *turista* peuvent aussi être masculin ou féminin.

EXEMPLES

▸ un ragazzo belga   ▸ un turista spagnolo
▸ una ragazza belga   ▸ una turista spagnola

– Certains noms féminins ont une terminaison en **-o**.

EXEMPLES

▸ la man**o**
▸ la mot**o** (motocicletta)
▸ la fot**o** (la fotografia)

Attention !
Tous les noms en **-ore** sont masculins. Sauf *la folgore* (la foudre).

EXEMPLES

▸ il fior**e**   ▸ il valor**e**   ▸ il sapor**e**

2. Le pluriel des noms et des adjectifs

Tous les noms et adjectifs italiens ont un pluriel en *-i* sauf les noms féminins en *-a* qui font leur pluriel en *-e*.

noms et adjectifs	pluriel	exemples
en *-o*	en *-i*	ragazzo → ragazzi italiano → italiani
en *-e*	en *-i*	professore → professori lezione → lezioni facile → facili
masculin en *-a*	en *-i*	problema → problemi
féminin en *-a*	en *-e*	ragazza → ragazze italiana → italiane

Attention !

– Le nom féminin *la mano* fait son pluriel en *-i*.

EXEMPLE la mano destra → le mani destre

– L'adjectif masculin *belga* fait son pluriel en *-i*.

EXEMPLE un ragazzo belga → due ragazzi belgi

3. Les noms invariables

– **Les mots accentués sur la dernière syllabe (le parole tronche)**

EXEMPLES
▶ la città → le città
▶ il caffè → i caffè

– **Les mots qui ne sont constitués que d'une seule syllabe (les monosyllabes)**

EXEMPLES
▶ il re → i re
▶ la gru → le gru

– **Les noms qui finissent par une consonne**

EXEMPLES
▶ il camion → i camion
▶ lo sport → gli sport

– **Les noms qui finissent par un *-i***

EXEMPLES
▶ la crisi → le crisi
▶ l'analisi → le analisi

– **Certains noms qui finissent par *-ie***

EXEMPLES
▶ la specie → le specie
▶ la serie → le serie

– **Quelques noms communs qui sont des abréviations**

EXEMPLES
▶ il cinema → i cinema
▶ la foto → le foto
▶ la radio → le radio
▶ il film → i film

– **Les noms d'origine étrangère**

EXEMPLES
▶ Il computer → i computer
▶ il mouse → i mouse
▶ il revolver → i revolver

4. Quelques pluriels particuliers

– Les noms en -io
Si le -i est accentué au singulier, il est conservé au pluriel.

EXEMPLE lo zio → gli zii

Si le -i n'est pas accentué au singulier, il disparaît au pluriel.
EXEMPLE l'esercizio → gli esercizi

– Les noms en -co et -go
Si le nom est accentué **sur l'avant-dernière syllabe**, son pluriel se forme en **-chi** et **-ghi**.
EXEMPLES

▶ il parco → i parchi
▶ il mago → i maghi

> **Attention!** sauf pour :
> amico → amici   nemico → nemici
> greco → greci   porco → porci

Si le nom est accentué **sur l'avant-avant-dernière** syllabe, son pluriel se fome en **-ci** et **-gi**.
EXEMPLES

▶ il medico → i medici
▶ lo psicologo → gli psicologi

– Les noms féminins en -ca et -ga
Ils font leurs pluriel en **-che** et **-ghe**.
EXEMPLES

▶ l'amica → le amiche
▶ la greca → le greche

– Les noms masculins en -ca et -ga
Ils font leurs pluriel en **-chi** et **-ghi**.
EXEMPLES

▶ il patriarca → i patriarchi
▶ il collega → i colleghi

– Les noms qui, au singulier sont masculins, mais qui ont un pluriel féminin et irrégulier en -a
EXEMPLES

▶ il paio → le paia
▶ il centinaio → le centinaia
▶ l'uovo → le uova

– Les noms masculins ayant un double pluriel (régulier en **-i** = sens figuré, et irrégulier en **-a** = sens propre).
EXEMPLES

▶ il braccio → i bracci *(les bras du fleuve)*, le braccia *(du corps)*
▶ il membro → i membri *(les membres de la famille)*, le membra *(du corps)*
▶ il muro → i muri *(di una casa)*, le mura *(di una fortezza)*

– Et encore d'autres pluriels particuliers :
l'uomo → gli uomini   il dio → gli dei   l'ala → le ali   l'arma → le armi

5. Les articles

a. L'article indéfini

masculin	exemples
devant une voyelle	un amico
devant une consonne simple	un ragazzo
devant un **s-** impur* ou un **z-**	uno sportivo / uno zio

* s- suivi d'une consonne

N.B. : On emploie aussi **uno** devant des noms plus rares commençant par **gn-, pn-, ps-, x-, y-**.

EXEMPLES

- uno gnomo
- uno pneumatico
- uno psicologo
- uno xilofono
- uno yogurt

féminin	exemples
devant une voyelle	un'amica
devant une consonne	una ragazza una sportiva una zia

b. L'article défini

masculin	singulier	pluriel
devant une voyelle	l'amico	gli amici
devant une consonne	il ragazzo	i ragazzi
devant un **s-** impur ou **z-**	lo sportivo / lo zio	gli sportivi / gli zii

N.B. : Même remarque que pour l'article indéfini.

EXEMPLES ▶ lo gnomo   ▶ lo psicologo

féminin	singulier	pluriel
devant une voyelle	l'amica	le amiche
devant une consonne	la ragazza la sportiva / la zia	le ragazze le sportive / le zie

c. L'article contracté

Quand l'article défini est précédé des prépositions **a, di, da, in** et **su**, il se contracte avec elles pour ne former qu'un seul mot. Ces contractions sont obligatoires.

	il	l'	lo	i	gli	la	l'	le
a	al	all'	allo	ai	agli	alla	all'	alle
di	del	dell'	dello	dei	degli	della	dell'	delle
da	dal	dall'	dallo	dai	dagli	dalla	dall'	dalle
in	nel	nell'	nello	nei	negli	nella	nell'	nelle
su	sul	sull'	sullo	sui	sugli	sulla	sull'	sulle

EXEMPLES

- Il libro dell'insegnante è sul banco. (*dell'* = di + l' ; *sul* = su + il)
- Gli alunni parlano dei professori e della scuola. (*dei* = di + i ; *della* = di + la)
- La bambina gioca nel parco. (*nel* = in + il)

6. Les adjectifs numéraux cardinaux et ordinaux

a. Les adjectifs numéraux cardinaux

Il faut connaître les adjectifs numéraux cardinaux de 1 à 19 ainsi que les dizaines.

▶ *uno, due, tre, quattro, cinque, sei, sette, otto, nove, dieci, undici, dodici, tredici, quattordici, quindici, sedici, diciassette, diciotto, diciannove*

▶ *venti, trenta, quaranta, cinquanta, sessanta, settanta, ottanta, novanta*

À partir de 21, il faut appliquer la règle suivante :
on part de la dizaine à laquelle on ajoute les adjectifs numéraux cardinaux de 1 à 9.

EXEMPLES

▶ venti + sei = ventisei
▶ trenta + nove = trentanove

Attention !
– Devant **uno** et **otto** la voyelle finale de la dizaine disparaît.
– **Tre** doit être accentué quand il est à la fin d'un nombre.

EXEMPLES

▶ 28: ventotto   ▶ 33: trentatré
▶ 31: trentuno

Attention ! Cento est invariable mais les multiples de *mille* s'écrivent ainsi :
duemila, tremila, quattromila...
La décomposition et la lecture se font de la même façon qu'en français.

EXEMPLE 2013: duemilatredici

b. Les adjectifs numéraux ordinaux

▶ *1°: primo*   ▶ *6°: sesto*
▶ *2°: secondo*   ▶ *7°: settimo*
▶ *3°: terzo*   ▶ *8° : ottavo*
▶ *4°: quarto*   ▶ *9°: nono*
▶ *5°: quinto*   ▶ *10°: decimo*

À partir de 11, on forme l'adjectif numéral ordinal en ôtant la voyelle finale du nombre cardinal et en ajoutant le suffixe **-esimo**.

EXEMPLES

▶ 11°: undici = undicesimo
▶ 12°: dodici = dodicesimo...
▶ 51°: cinquantuno = cinquantunesimo...

Attention ! aux adjectifs numéraux cardinaux qui se terminent par **tre** ou **sei**.

EXEMPLES

▶ ventitré → ventitreesimo
▶ trentasei → trentaseiesimo

On emploie l'adjectif numéral ordinal, pour désigner les papes, les rois, les empereurs, les actes ou les scènes d'une pièce de théâtre, les chapitres d'un livre, les siècles.

EXEMPLES

▶ Vittorio Emanuele II (= secondo)
▶ atto I (= primo), scena II (= seconda)
▶ XX: il Ventesimo secolo

Précis de grammaire

Attention ! à la place de l'adjectif numéral ordinal dans la phrase.

EXEMPLES

▶ Le **ultime sei** candidate saranno eliminate al concorso delle Miss.
▶ Il professore ci fa studiare a memoria **i primi trenta** versi della poesia.

7. Les prépositions

a. *a* : à

EXEMPLE Devo telefonare a Matteo.

Elle est employée aussi avec d'autres prépositions *(vicino a, in riva a, fino a…)* et après des verbes de mouvements suivis d'un infinitif.

EXEMPLES

▶ Sono venuto a parlare con te.
▶ È andato a fare la spesa.

b. *di* : de

Elle introduit le plus souvent un complément de nom.

EXEMPLES Di chi è questo quaderno? È il quaderno di Lisa.

Elle indique également :

– **le contenu :** **EXEMPLE** la tazza di tè

– **la matière :** **EXEMPLE** un vestito di lino

– et elle est employée après certains verbes : **EXEMPLE** cercare di

c. *da* : a plusieurs sens

– **chez :** **EXEMPLES** Vado dal medico.

– **par :** **EXEMPLE** È un romanzo scritto da Stefano Benni.

– **depuis :** l'origine (dans l'espace ou le temps)

EXEMPLES

▶ È andato a piedi dal liceo alla spiaggia.
▶ Il negozio è aperto dalle 8 alle 12.

– **la valeur :** **EXEMPLE** il biglietto da 10 euro

– **le contenant :** **EXEMPLE** la tazza da té

– **la caractéristique** physique ou morale

EXEMPLE la ragazza dai capelli rossi e dallo sguardo triste

– **l'obligation :** **EXEMPLE** L'esercizio da fare per domani non è facile.

d. *in* : en, dans, à

EXEMPLES

▶ Vive in Emilia-Romagna, in Italia.
▶ Abito in campagna, in montagna.
▶ È nato nel 1985.

e. *su* : sur

EXEMPLE Devi guardare l'itinerario su una piantina.

8. Les possessifs

a. Les adjectifs possessifs

	singulier	pluriel
masculin	il mio amico il tuo amico il suo amico il nostro amico il vostro amico il loro amico	i miei amici i tuoi amici i suoi amici i nostri amici i vostri amici i loro amici
féminin	la mia amica la tua amica la sua amica la nostra amica la vostra amica la loro amica	le mie amiche le tue amiche le sue amiche le nostre amiche le vostre amiche le loro amiche

Attention !
L'adjectif possessif est généralement précédé de l'article défini.
Le possessif varie en genre et en nombre en fonction du nom qui suit
à l'exception de *loro* qui est invariable.

Emploi des adjectifs possessifs avec les noms de parenté

On ne doit pas utiliser l'article défini lorsque le nom de parenté est au singulier.
EXEMPLES ▶ mio fratello   ▶ mia cugina

L'article défini redevient <u>obligatoire</u> :

– au plurlel
EXEMPLE i miei fratelli

– devant *loro*
EXEMPLE il loro zio

– quand le nom est modifié par un suffixe
EXEMPLES ▶ la mia sorellina   ▶ il mio fratellino

– avec *mamma* et *papa*
EXEMPLE la mia mamma (*Mais on dira* **mia** madre.)

– lorsque le nom de parenté est accompagné d'un adjectif ou d'un complément
EXEMPLES ▶ la mia cugina di milano   ▶ il mio fratello gemello

b. Les pronoms possessifs
Ses formes sont identiques à celles de l'adjectif.
EXEMPLE Non posso prendere la mia macchina, puoi prendere la tua?

La forme sans article est employée pour traduire « à moi, à toi… »
EXEMPLE Questo libro non è tuo, è mio.

9. Les pronoms personnels simples

pronoms sujets	pronoms réfléchis	pronoms cod	pronoms coi	après une préposition
io	mi	mi	mi	me
tu	ti	ti	ti	te
lui / lei / Lei	si	lo / la / La	gli / le / Le	lui / lei / Lei
noi	ci	ci	ci	noi
voi	vi	vi	vi	voi
loro	si	li / le	loro / gli	loro
Les pronoms sujets sont facultatifs. Ils sont utilisés pour insister ou éviter une confusion : **Io studio, tu giochi.**	**Mi chiamo Lisa.**	Ils remplacent le COD dans une phrase. Ils sont généralement placés avant le verbe. (voir remarques).	Ils remplacent le COI dans une phrase. Ils sont généralement placés avant le verbe sauf **loro** (voir remarques).	Ils sont utilisés après les prépositions a, **di**, **da**, **per**, **con**, **in**, **su**.

Remarques

Emploi des pronoms COD et COI :

EXEMPLES

▸ Guardo **il mio amico**. → Lo guardo.
▸ Prende **i libri**. → Li prende.
▸ Telefona **a Patrizia**. → Le telefona.
▸ Porta i libri **ai vicini**. → Porta loro i libri.

L'enclise du pronom personnel

– À l'infinitif

EXEMPLES

▸ Devi fare **l'esercizio**. → Devi farlo.
▸ Possiamo preparare **la cena**. → Possiamo prepararla.
▸ Deve scrivere **a sua zia**. → Deve scriverle.

– Au gérondif

EXEMPLES

▸ guardando **la televisione** → guardandola
▸ ascoltando **il professore** → ascoltandolo

– À l'impératif

EXEMPLES

▸ Chiama **Pietro**! → Chiamalo!
▸ Parla **a Pietro**! → Parlagli!

Il existe deux pronoms adverbiaux :

– **ne** (= en) : **EXEMPLE** Ne sono certo.

– **ci** ou **vi** (= y) : **EXEMPLE** Ci vado.

10. Les pronoms personnels groupés

Lorsque deux pronoms personnels se suivent, ils s'unissent pour former un nouveau pronom.

	lo	la	li	le	ne
mi	me lo	me la	me li	me le	me ne
ti	te lo	te la	te li	te le	te ne
gli/le	glielo	gliela	glieli	gliele	gliene
ci	ce lo	ce la	ce li	ce le	ce ne
vi	ve lo	ve la	ve li	ve le	ve ne
si	se lo	se la	se li	se le	se ne

Remarques
Dans le cas des pronoms personnels groupés, le COI se placera toujours devant le COD.

EXEMPLES
▶ Me lo dà.   ▶ Gliela dà.   ▶ Se ne rende conto.

Attention ! aux modifications vocaliques (*mi* + *lo* = **me lo**, *ti* + *lo* = **te lo**…).

Glielo, *gliela*, *glieli*, *gliele*, *gliene* sont toujours soudés quelle que soit leur place dans la phrase.

Les autres pronoms groupés se souderont lors d'une enclise.
EXEMPLE Vuole dirtelo.

Le pronom COI *Loro* se place toujours après le verbe, il ne se « groupe » avec aucun autre pronom.
EXEMPLE La dà loro.

11. Les adverbes

Les adverbes sont toujours invariables

a. Les adverbes de manière en *-mente*
Pour le former, on part de l'adjectif au féminin singulier auquel on ajoute le suffixe **-mente**.

EXEMPLES
▶ rapido → rapida → rapidamente
▶ prudente → prudentemente

Les adjectifs en **-le** et **-re** perdent le **-e** final devant le suffixe **-mente**.

EXEMPLES
▶ difficile → difficilmente
▶ regolare → regolarmente

b. Les principaux adverbes de temps
▶ **ora**
▶ **adesso** (maintenant)
▶ **oggi** (aujourd'hui)
▶ **subito** (tout de suite)
▶ **dopo** (après)
▶ **poi** (puis)
▶ **presto** (vite, bientôt)
▶ **sempre** (toujours)

- **finora** (jusqu'à présent)
- **ieri** (hier)
- **prima** (avant, d'abord)
- **dapprima** (tout d'abord)
- **domani** (demain)

- **spesso** (souvent)
- **mai** (jamais)
- **ogni tanto** (de temps en temps)
- **già** (déjà)

c. Les principaux adverbes de lieu

- **su** (en haut)
- **lassù** (la-haut)
- **giù** (en bas)
- **laggiù** (là-bas)
- **davanti** (devant)
- **dietro** (derrière)
- **qui, qua** (ici)
- **lì, là** (là)

- **ci** (y)
- **vicino** (à coté)
- **dentro** (dedans)
- **fuori** (dehors)
- **sopra** (dessus)
- **sotto** (sous)
- **dappertutto** (partout)

d. Les principaux adverbes de quantité

- **più** (plus)
- **di più** (de plus)
- **sempre più** (de plus en plus)
- **meno** (moins)
- **sempre meno** (de moins en moins)
- **poco** (peu)

- **troppo** (trop)
- **molto** (très, beaucoup)
- **tanto** (pas mal)
- **parecchio** (beaucoup)
- **abbastanza** (assez)
- **inoltre** (en outre)…

12. Les démonstratifs

Le démonstratif **questo** désigne ce qui est proche dans le temps et dans l'espace.
Le démonstratif **quello** désigne ce qui est éloigné dans le temps et dans l'espace.

a. Les adjectifs démonstratifs

L'adjectif démonstratif **questo** s'accorde en genre et en nombre avec le nom qui suit.

	singulier	pluriel
masculin	**questo** ragazzo **quest'**amico	**questi** ragazzi **questi** amici
féminin	**questa** ragazza **quest'**amica	**queste** ragazze **queste** amiche

L'adjectif démonstratif **quello** s'accorde en genre et en nombre avec le nom qui suit et obéit aux règles de l'article défini.

	singulier	pluriel
masculin	**quel** ragazzo **quell'**amico **quello** sportivo	**quei** ragazzi **quegli** amici **quegli** sportivi
féminin	**quella** ragazza **quell'**amica	**quelle** ragazze **quelle** amiche

b. Les pronoms démonstratifs

Il n'y a plus que quatre formes pour chaque pronom :

	questo		quello	
	singulier	pluriel	singulier	pluriel
masculin	questo	questa	quello	quelli
féminin	questi	queste	quella	quelle

EXEMPLE Quali pantaloni preferisci? Questi o quelli?

13. Les indéfinis

a. *qualche* et *alcuno*

Ces adjectifs indéfinis peuvent être traduits par « quelques » ou « certains ».

Qualche est invariable, il est toujours suivi d'un nom singulier même avec un sens pluriel.

EXEMPLES

▶ Ho qualche amico italiano.
▶ Qualche ragazza è assente.

Alcuno s'accorde en genre et en nombre avec le nom qui suit.

EXEMPLES

▶ Ho alcuni amici italiani.
▶ Alcune ragazze sono assenti.

Alcuno peut aussi être employé comme pronom.

EXEMPLE Hai mangiato tutti i biscotti? Ne ho mangiati alcuni.

b. *ogni*

Ogni peut être traduit par « chaque ». Il est féminin ou masculin. Il est toujours suivi du singulier.

EXEMPLES

▶ Ogni settimana vado alla piscina.
▶ Ogni giorno faccio la doccia.

14. Les quantitatifs

Quanto, *molto*, *tanto*, *troppo*, *poco* sont invariables lorsqu'ils sont adverbes.
Dans ce cas, ils accompagnent un adjectif ou un verbe.

EXEMPLES

▶ Questa ragazza è molto bella.
▶ I ragazzi sono molto simpatici.
▶ Sei grasso! Mangi troppo!
▶ Leggete poco.

Quand *quanto*, *molto*, *tanto*, *troppo*, *poco* sont adjectifs, ils s'accordent en genre et en nombre avec le nom qui suit.

EXEMPLES

▶ Ci sono molte ragazze.
▶ Bevo molta acqua.
▶ Guardi troppi film sentimentali.
▶ Leggete pochi romanzi.

Précis de grammaire

Ils peuvent également être pronoms : dans ce cas, ils prendront le genre et le nombre du nom qu'ils remplacent.

EXEMPLE Ha visto **molta** gente? No, **poca**.

15. Les pronoms relatifs

a. Le pronom relatif sujet : *che*
EXEMPLES
▶ L'uomo **che** parla è mio marito.
▶ I ragazzi **che** arrivano sono i miei amici.

b. Le pronom relatif COD : *che*
EXEMPLES
▶ L'uomo **che** vedi è mio marito.
▶ I ragazzi **che** aspetto sono i miei amici.

c. La traduction de « où »
Dove indique le lieu.
EXEMPLE La città **dove** sono nata è bellissima.

II. S'EXPRIMER

1. La traduction de « il y a »

L'expression « il y a » se traduit par le verbe **essere**, précédé du pronom **ci** qui s'accorde en genre et en nombre avec le sujet réel.

EXEMPLES

▷ C'è un problema.
▷ Ci sono parecchie soluzioni.

C'è se décline selon le temps voulu.

EXEMPLE C'è stata una bella tempesta.

> Attention ! **C'era una volta**… se traduit par : « il était une fois… ».

2. La traduction de « aimer »

On distingue plusieurs façons de traduire le verbe « aimer ».

a. Amare (qualcuno o qualcosa)

Amare traduit l'amour sentimental ou un élan très fort.

EXEMPLES

▷ Amo mio marito. Amo mia moglie.
▷ Amo il mio paese. Amo la libertà. Amo la pace.
▷ Ti amo.

b. Volere bene (a qualcuno)

Volere bene (a) traduit l'affection envers les personnes.

EXEMPLES

▷ Voglio bene a mia sorella. → **Le** voglio bene.
▷ Voglio bene al mio compagno di classe. → **Gli** voglio bene.
▷ Voglio bene a te. → **Ti** voglio bene.

c. Piacere (a qualcuno)

Piacere (a) traduit le goût envers les choses ou les personnes.

EXEMPLES

▷ Mi piace il cinema.
▷ Mi piacciono i romanzi gialli.
▷ A Gianni non piace la scuola.
▷ Le piace lo sport.
▷ Non ci piace l'inverno.

> Attention ! Le verbe « aimer » en français qu'on utilise pour exprimer un goût correspond en italien à l'expression *piacere (a)* que l'on peut littéralement traduire par « plaire à ». Par conséquent, ce qui était COD avec le verbe « aimer » en français (J'aime le cinéma.) devient sujet en italien (*Il cinema mi piace.* ou *Mi piace il cinema.*) Si le sujet est au pluriel, il faudra donc penser faire l'accord avec le verbe *piacere* (*I supereroi italiani mi piacciono.* ou *Mi piacciono i supereroi italiani.*)

De la même façon, ce qui était sujet en français (<u>Marco</u> aime les dessins animés.) devient COI ou pronom COI en italien (<u>A Marco</u> piacciono i cartoni animati. ou *Gli piacciono i cartoni animati.*).

3. La traduction de « il faut »

a. *Bisogna*

Pour traduire « il faut », on utilise ***bisogna*** devant un verbe à l'infinitif.

EXEMPLE Bisogna andare al supermercato.

« Il faut que » se traduit par *Bisogna che*.

b. *Ci vuole / Ci vogliono*

Pour traduire « il faut », on utilise ***ci vuole*** devant un nom singulier ou ***ci vogliono*** devant un nom pluriel.

EXEMPLES

▶ Ci vuole un chilo di pomodori.
▶ Ci vogliono spaghetti.

> **Attention !** *Bisognare* et *Volerci* sont des verbes. Ils se conjuguent donc à tous les temps.
> **EXEMPLES**
> ▶ Per fare questa ricetta bisognerà rispettare tutte le tappe.
> ▶ Ci volevano ingredienti migliori per riuscire questa specialità.

4. La traduction de « on »

Le pronom indéfini « on » peut se traduire de plusieurs façons.

a. Le pronom réfléchi *si*

On peut traduire le pronom indéfini « on » à l'aide du pronom réfléchi *si*.

EXEMPLE Qui, si **lavora** molto

C'est le cas le plus répandu. Voici quelques règles à retenir.

– Le verbe s'accorde avec le sujet réel.

si + verbe à la 3e personne du singulier

EXEMPLE Qui, si mang**i**a bene

si + verbe à la 3e personne du singulier + le sujet singulier

EXEMPLE Qui si mang**i**a **un gelato ottimo**

si + verbe à la 3e personne du pluriel + le sujet pluriel

EXEMPLE Qui, si mang**iano gelati ottimi**

> **Attention ! L'adjectif attribut est toujours au masculin pluriel.**
> **EXEMPLE** Si è giovani, si **diventa** vecchi.

– Avec un verbe pronominal :

EXEMPLES

▶ Ci **si** prepara.
▶ Ci **si** lava.

b. La première personne du pluriel

On peut traduire le pronom indéfini « on » à l'aide **de la première personne du pluriel** si le locuteur fait partie du groupe qui s'exprime.

EXEMPLE Qui, **lavor**iamo molto.

c. La troisième personne du pluriel

On peut traduire le pronom indéfini « on » à l'aide **de la troisième personne du pluriel** si le locuteur ne fait pas partie du groupe.

EXEMPLE **Fa**nno molto rumore nel corridoio.

5. La personne de politesse

(vouvoyer = *dare del Lei*)

La personne de politesse est exprimée par la 3e personne du singulier *lei*.
On s'adresse à la personne que l'on vouvoie à la 3e personne, comme le faisaient les sujets avec leur roi (« Son altesse a t'elle bien dormi ? »).

C'est donc la 3e personne du singulier que l'on utilisera pour la conjugaison des verbes mais aussi pour toutes les autres formes grammaticales (pronoms, adjectifs possessifs...).

Attention ! On accorde toujours l'adjectif avec la personne réelle à laquelle on s'adresse.
EXEMPLE
▶ Lei, **signore**, è molto simpatico.
▶ Lei, **signora**, è molto simpatica.

Dare del tu	Dare del Lei
Quanti anni **hai**?	Quanti anni **ha**, Signore?
Come **ti** chiami?	Come **Si** chiama, Signore?
Sono d'accordo con **te**.	Sono d'accordo con **Lei**.
La **tua** casa è bella.	La **Sua** casa è bella.
Sei molto elegante.	**È** molto elegante, Signore.
E **tu**, **dove vai**?	E **Lei** dove **va**, Signorina?
Tua madre **ti** parla.	**Sua** madre **Le** parla.
Tuo padre **ti** guarda.	**Suo** padre **La** guarda.

6. L'expression de l'heure

Pour indiquer l'heure, on emploie l'auxiliaire être à la 3ᵉ personne du pluriel *sono* suivi de l'article défini féminin pluriel *le*. Les minutes peuvent s'ajouter *(Sono le otto e dieci.)* ou se retrancher *(Sono le undici meno cinque.)*.

EXEMPLES

▶ **Sono le** tre.

▶ **Sono le** tre **e** dieci.

▶ **Sono le** cinque **e un quarto**.

▶ **Sono le** tre **e mezzo** (/mezza).

▶ **Sono le** cinque **meno** dieci.

> **Attention !** on dit cependant :
> **È l'una.**
> **È mezzogiorno.**
> **È mezzanotte.**

Pour demander l'heure, on emploie indifféremment le pluriel ou le singulier.
▶ *Che ora è? / Che ore sono?*
Il minuto, il secondo sont tous les deux masculins contrairement au français.

7. Les marqueurs temporels

a. *da* = depuis
EXEMPLE Vive in italia da due anni.

b. *da... a* = de ... à
EXEMPLE Il negozio è aperto dalle otto alle diciassette.

c. *fa* = il y a
Fa est toujours placé à la fin de la proposition
EXEMPLE È partito due anni fa.

d. *fra/tra* = dans
EXEMPLE Partiremo fra (/tra) tre giorni.

e. *per* = pendant
EXEMPLE È stato assente per tre giorni.

f. *entro* = d'ici, avant
EXEMPLE Il compito va fatto entro mercoledì.

g. *nel/nell'* = en
EXEMPLE Questo libro è stato scritto nel 1895 / nell'Ottocento.

8. Les comparatifs

a. Le comparatif de supériorité

On emploie *più ... di* devant un nom ou un pronom.

EXEMPLES
▶ Giuseppe è più alto di **Luigi**.
▶ Giuseppe è più alto di **lui**.
▶ Giuseppe è più alto del **suo amico**.

> **Attention !** à la contraction de *Di* + article !

On emploie *più ... che* :

– devant un adjectif.
EXEMPLE Gianni è più bello che **intelligente**.

– un verbe.
EXEMPLE È più facile dire che **fare**.

– un adverbe.
EXEMPLE Lavora più rapidamente che **seriamente**.

– une préposition.
EXEMPLE Ci sono più abitanti in città che **in** campagna.

– lorsque l'on compare deux quantités.
EXEMPLE Ci sono più **ragazze** che **ragazzi**.

b. Le comparatif d'infériorité

Il obéit aux mêmes règles que le comparatif de supériorité.

On emploie *meno ... di / meno ... che*

EXEMPLES
▶ Lisa è meno attenta di **Giada**.
▶ Il calcio è meno sportivo che **brutale**.

c. Le comparatif d'égalité

L'italien dispose de deux formes :

– *(così) ... come*
EXEMPLE Paolo è così intelligente come simpatico.

– *(tanto) ... quanto*
EXEMPLE Fabio è tanto alto quanto Massimo.

N.B. : C'est « *Tanto .... Quanto* » qui doit être utilisé lorsque l'on compare deux quantités. « *Così ... come* » s'emploie plutôt pour des qualités.

> **Attention !** « *Tanto ... Quanto* » est invariable devant un adjectif mais est variable en genre et en nombre devant un nom.
> **EXEMPLE** Ci sono tanti ragazzi quante ragazze.

9. Le superlatif

a. Le superlatif absolu

Le superlatif absolu se construit :
– soit avec l'adverbe *molto*.
EXEMPLE Questi ragazzi sono molto simpatici.

– soit avec le suffixe *-issimo*.
EXEMPLE Questi ragazzi sono simpaticissimi.

b. Le superlatif relatif

Le superlatif relatif se construit à l'aide de *più* devant l'adjectif sans ajouter toutefois d'article, comme on le fait en français.
EXEMPLE È la ragazza (Ø) più simpatica della classe. *C'est la fille la plus sympathique de la classe.*

10. Expressions courantes

a. La gente

Pour traduire « les gens », on utilise le collectif *la gente*, toujours au singulier.
EXEMPLE La gente manifestava nella strada.

b. Tutti

Tutti correspond à l'expression « tout le monde », de même que *tutta la gente*.
EXEMPLES
▶ Tutti partono in vacanze nel mese d'agosto.
▶ Tutta la gente parte in vacanze nel mese d'agosto.

> **Attention !** *Tutto il mondo* signifie le monde entier.

c. Expressions impersonnelles

Après des expressions comme *è facile*, *è possibile*, *è vietato*, on n'ajoute pas la préposition *di* contrairement au français.
EXEMPLE È vietato (Ø) fare rumore.

d. Les pourcentages

Devant les pourcentages, on emploie l'article défini masculin singulier (*il*, *l'* ou *lo* selon les cas). Par conséquent le verbe qui suit est conjugué au singulier.
EXEMPLES
▶ Il cinquantotto per cento degli italiani è contro la riforma.
▶ L'ottanta per cento degli italiani **partecipa** alle elezioni.
▶ Lo zero virgola sei per cento **ha votato** per questo candidato.

e. L'obligation

Le verbe *andare* a parfois le sens de l'obligation ou de l'interdiction.
EXEMPLES
▶ Questo compito va fatto per la settimana prossima.
▶ Questa camicia non va stirata.

III. VERBES ET TEMPS

1. Remarques sur la formation et l'emploi des temps

a. Le présent de l'indicatif des verbes réguliers

– Les verbes en **-ire** se conjuguant comme *finire* (*cf.* le tableau de conjugaison p.152) sont plus nombreux que ceux qui se conjuguent comme *partire* (*cf.* le tableau de conjugaison p.152).

EXEMPLES

▶ finire → cap**ire**, prefer**ire**, reag**ire**, percep**ire**, …
▶ partire → sent**ire**, dorm**ire**, serv**ire**, …

– Les verbes pronominaux en **-arsi**, **-ersi** et **-irsi** ont la même terminaison que les verbes en **-are**, **-ere** et **-ire** mais sont précédés du pronom réfléchi correspondant à la personne conjuguée.

EXEMPLE

presentarsi	
io	**mi** present**o**
tu	**ti** present**i**
lui/lei/Lei	**si** present**a**
noi	**ci** present**iamo**
voi	**vi** present**ate**
loro	**si** present**ano**

– Les verbes en **-care** et **-gare** prennent un **-h-** à la 2e personne du singulier et à la 1re personne du pluriel afin de conserver le son dur.

EXEMPLE

	praticare	spiegare
io	pratico	spiego
tu	prati**chi**	spie**ghi**
lui/lei/Lei	pratica	spiega
noi	prati**chi**amo	spie**ghi**amo
voi	praticate	spiegate
loro	praticano	spiegano

b. Le passé composé

– Comme en français, il se forme à l'aide d'un auxiliaire (**avere** ou **essere**) suivi du participe passé du verbe à conjuguer.

– Formation du participe passé régulier :

Verbes en **-are** → -ato
Verbes en **-ere** → -uto
Verbes en **-ire** → -ito

EXEMPLES ▶ parlare → parl**ato**
▶ ripetere → ripet**uto**
▶ finire → fin**ito**

Attention ! Il y a de très nombreux participes passés irréguliers…
En voici quelques-uns :

- essere → *stato*
- accendere → *acceso*
- accogliere → *accolto*
- bere → *bevuto*
- dire → *detto*
- fare → *fatto*
- leggere → *letto*
- mettere → *messo*
- offrire → *offerto*
- prendere → *preso*

- piacere → *piaciuto*
- rimanere → *rimasto*
- rispondere → *risposto*
- scegliere → *scelto*
- scrivere → *scritto*
- spegnere → *spento*
- vedere → *visto*
- venire → *venuto*
- vivere → *vissuto*

Cette liste n'est pas exhaustive ! (Voir une liste plus longue p. 160.)

– Le choix de l'auxiliaire est en général le même qu'en français.

EXEMPLES

- Parli = **hai** parl**ato**
- Parte = **è** part**ito**
- Mi presento = mi **sono** present**ato**

Il y a cependant quelques exceptions :
– L'auxiliaire *essere* se conjugue avec lui même au passé composé.

EXEMPLE **Sono stato** malato

– Les verbes *piacere* et *riuscire* se conjuguent également avec l'auxiliaire *essere* ainsi que tous les verbes intransitifs.

EXEMPLES

- Questo film mi **è** piaci**uto**.
- **Sono** riusc**ito** a convincere i miei genitori.
- Sei in ritardo, il film **è** già cominci**ato**. *Mais :* Il preside **ha** cominci**ato** il discorso.
- Camilla **è** vissu**ta** a Roma per 10 anni. *Mais :* **Ha vissuto** molti anni di felicità.

– Comme en français, il y a accord du participe passé avec le sujet lorsque l'auxiliaire *essere* est utilisé.

EXEMPLES

- I ragazzi **partono**. → I ragazzi sono partiti.
- Maria arriva alle 8. → Maria è arrivata alle 8.

– Avec l'auxiliaire *avere*, l'accord du participe passé se fait avec le COD placé devant le verbe seulement si celui-ci est un pronom personnel.

EXEMPLES

- Roberto e Paolo? Li ho visti ieri.
- – Conosci la nuova canzone di Laura Pausini?
  – Sì, l'ho sentita stamattina.

c. L'imparfait

L'imparfait est un temps parfaitement régulier sauf pour l'auxiliaire *essere* et certains verbes comme *dire*, *bere* et *fare* qui se conjuguent sur leur ancien infinitif en *-ere* (*dicere*, *bevere*, *facere*) (Voir les tableaux de conjugaison.)

EXEMPLES

- Pinocchio non **diceva** sempre la verità a Geppetto.
- Non **faceva** mai i suoi compiti.

d. Le futur

Certains verbes se contractent au futur.
- *andare → andrò*
- *volere → vorrò*
- *rimanere → rimarrò*
- *essere → sarò*

e. L'impératif

L'impératif emprunte ses formes au présent de l'indicatif. Cependant, l'impératif de la personne de politesse se rendra par le subjonctif présent.

– Les pronoms personnels se soudent au verbe à l'impératif, sauf à la personne de politesse :

EXEMPLES

- Prendilo! / Lo prenda!
- Ascoltala! / La ascolti!

– Les formes monosyllabiques (2e personne du singulier)

andare	dare	fare	stare	dire
Va'!	Da'!	Fa'!	Sta'!	Di'!
Andiamo!	Diamo!	Facciamo!	Stiamo!	Diciamo!
Andate!	Date!	Fate!	State!	Dite!

Attention !

Lorsque l'on fait une enclise du pronom à une forme monosyllabique, il y a redoublement de la première lettre du pronom (sauf pour *gli*).

EXEMPLES

- Dallo!
- Falli!
- Dimmi!

Précis de grammaire

2. Les conjugaisons régulières

Indicatif *Indicativo*		1re conjugaison **Parlare**	2e conjugaison **Credere**	3e conjugaison 1re forme **Partire**	3e conjugaison 2e forme **Finire**
Présent *Presente*	io	parl **-o**	cred **-o**	part **-o**	finisc **-o**
	tu	parl **-i**	cred **-i**	part **-i**	finisc **-i**
	lui / lei	parl **-a**	cred **-e**	part **-e**	finisc **-e**
	noi	parl **-iamo**	cred **-iamo**	part **-iamo**	fin **-iamo**
	voi	parl **-ate**	cred **-ete**	part **-ite**	fin **-ite**
	loro	parl **-ano**	cred **-ono**	part **-ono**	finisc **-ono**
Imparfait *Imperfetto*	io	parl **-avo**	cred **-evo**	part **-ivo**	fin **-ivo**
	tu	parl **-avi**	cred **-evi**	part **-ivi**	fin **-ivi**
	lui / lei	parl **-ava**	cred **-eva**	part **-iva**	fin **-iva**
	noi	parl **-avamo**	cred **-evamo**	part **-ivamo**	fin **-ivamo**
	voi	parl **-avate**	cred **-evate**	part **-ivate**	fin **-ivate**
	loro	parl **-avano**	cred **-evano**	part **-ivano**	fin **-ivano**
Futur *Futuro*	io	parl **-erò**	cred **-erò**	part **-irò**	fin **-irò**
	tu	parl **-erai**	cred **-erai**	part **-irai**	fin **-irai**
	lui / lei	parl **-erà**	cred **-erà**	part **-irà**	fin **-irà**
	noi	parl **-eremo**	cred **-eremo**	part **-iremo**	fin **-iremo**
	voi	parl **-erete**	cred **-erete**	part **-irete**	fin **-irete**
	loro	parl **-eranno**	cred **-eranno**	part **-iranno**	fin **-iranno**
Passé composé *Passato prossimo*	io	ho parl **-ato**	ho cred **-uto**	sono part **-ito/a**	ho fin **-ito**
	tu	hai parl **-ato**	hai cred **-uto**	sei part **-ito/a**	hai fin **-ito**
	lui / lei	ha parl **-ato**	ha cred **-uto**	è part **-ito/a**	ha fin **-ito**
	noi	abbiamo parl **-ato**	abbiamo cred **-uto**	siamo part **-iti/e**	abbiamo fin **-ito**
	voi	avete parl **-ato**	avete cred **uto**	siete part **-iti/e**	avete fin **-ito**
	loro	hanno parl **-ato**	hanno cred **-uto**	sono par **-iti/e**	hanno fin **-ito**
Passé simple *Passato remoto*	io	parl **-ai**	cred **-ei/etti**	part **-ii**	fin **-ii**
	tu	parl **-asti**	cred **-esti**	part **-isti**	fin **-isti**
	lui / lei	parl **-ò**	cred **-é/ette**	part **-ì**	fin **-ì**
	noi	parl **-ammo**	cred **-emmo**	part **-immo**	fin **-immo**
	voi	parl **-aste**	cred **-este**	part **-iste**	fin **-iste**
	loro	parl **-arono**	cred **-erono/ettero**	part **-irono**	fin **-irono**

Conditionnel *Condizionale*					
Conditionnel *Condizionale*	io	parl **-erei**	cred **-erei**	part **-irei**	fin **-irei**
	tu	parl **-eresti**	cred **-eresti**	part **-iresti**	fin **-iresti**
	lui / lei	parl **-erebbe**	cred **-erebbe**	part **-irebbe**	fin **-irebbe**
	noi	parl **-eremmo**	cred **-eremmo**	part **-iremmo**	fin **-iremmo**
	voi	parl **-ereste**	cred **-ereste**	part **-ireste**	fin **-ireste**
	loro	parl **-erebbero**	cred **-erebbero**	part **-irebbero**	fin **-irebbero**

Subjonctif *Congiuntivo*					
Présent *Presente*	io	parl -i	cred -a	part -a	finisc -a
	tu	parl -i	cred -a	part -a	finisc -a
	lui / lei	parl -i	cred -a	part -a	finisc -a
	noi	parl -iamo	cred -iamo	part -iamo	fin -iamo
	voi	parl -iate	cred -iate	part -iate	fin -iate
	loro	parl -ino	cred -ano	part -ano	finisc -ano
Imparfait *Imperfetto*	io	parl -assi	cred -essi	part -issi	fin -issi
	tu	parl -assi	cred -essi	part -issi	fin -issi
	lui / lei	parl -asse	cred -esse	part -isse	fin -isse
	noi	parl -assimo	cred -essimo	part -issimo	fin -issimo
	voi	parl -aste	cred -este	part -iste	fin -iste
	loro	parl -assero	cred -essero	part -issero	fin -issero

Impératif *Imperativo*					
	tu	parl -a	cred -i	part -i	fin -isci
	lei	parl -i	cred -a	part -a	fin -isca
	noi	parl -iamo	cred -iamo	part -iamo	fin -iamo
	voi	parl -ate	cred -ete	part -ite	fin -ite

Gérondif *Gerundio*				
	parl -ando	cred -endo	part -endo	fin -endo

Participe passé *Participio passato*				
	parl -ato	cred -uto	part -ito	fin -ito

3. Les auxiliaires

		Avere	Essere
Indicatif *Indicativo* **Présent** *Presente*	io	ho	sono
	tu	hai	sei
	lui / lei	ha	è
	noi	abbiamo	siamo
	voi	avete	siete
	loro	hanno	sono
Imparfait *Imperfetto*	io	avevo	ero
	tu	avevi	eri
	lui / lei	aveva	era
	noi	avevamo	eravamo
	voi	avevate	eravate
	loro	avevano	erano
Futur *Futuro*	io	avrò	sarò
	tu	avrai	sarai
	lui / lei	avrà	sarà
	noi	avremo	saremo
	voi	avrete	sarete
	loro	avranno	saranno
Passé composé *Passato prossimo*	io	ho avuto	sono stato/a
	tu	hai avuto	sei stato/a
	lui / lei	ha avuto	è stato/a
	noi	abbiamo avuto	siamo stati/e
	voi	avete avuto	siete stati/e
	loro	hanno avuto	sono stati/e
Passé simple *Passato remoto*	io	ebbi	fui
	tu	avesti	fosti
	lui / lei	ebbe	fu
	noi	avemmo	fummo
	voi	aveste	foste
	loro	ebbero	furono
Conditionnel *Condizionale*	io	avrei	sarei
	tu	avresti	saresti
	lui / lei	avrebbe	sarebbe
	noi	avremmo	saremmo
	voi	avreste	sareste
	loro	avrebbero	sarebbero
Subjonctif *Congiuntivo* **Présent** *Presente*	io	abbia	sia
	tu	abbia	sia
	lui / lei	abbia	sia
	noi	abbiamo	siamo
	voi	abbiate	siate
	loro	abbiano	siano
Imparfait *Imperfetto*	io	avessi	fossi
	tu	avessi	fossi
	lui / lei	avesse	fosse
	noi	avessimo	fossimo
	voi	aveste	foste
	loro	avessero	fossero
Impératif *Imperativo*	tu	abbi	sii
	Lei	abbia	sia
	noi	abbiamo	siamo
	voi	abbiate	siate
Gérondif *Gerundio*		avendo	essendo
Partícipe passé *Participio passato*		avuto	stato

4. Les conjugaisons irrégulières

		andare	dare	fare	stare	bere	dovere
Indicatif **Présent**	io	vado	do	faccio	sto	bevo	devo
	tu	vai	dai	fai	stai	bevi	devi
	lui / lei	va	dà	fa	sta	beve	deve
	noi	andiamo	diamo	facciamo	stiamo	beviamo	dobbiamo
	voi	andate	date	fate	state	bevete	dovete
	loro	vanno	danno	fanno	stanno	bevono	devono
Imparfait	io	andavo	davo	facevo	stavo	bevevo	dovevo
	tu	andavi	davi	facevi	stavi	bevevi	dovevi
	lui / lei	andava	dava	faceva	stava	beveva	doveva
	noi	andavamo	davamo	facevamo	stavamo	bevevamo	dovevamo
	voi	andavate	davate	facevate	stavate	bevevate	dovevate
	loro	andavano	davano	facevano	stavano	bevevano	dovevano
Futur	io	andrò	darò	farò	starò	berrò	dovrò
	tu	andrai	darai	farai	starai	berrai	dovrai
	lui / lei	andrà	darà	farà	starà	berrà	dovrà
	noi	andremo	daremo	faremo	staremo	berremo	dovremo
	voi	andrete	darete	farete	starete	berrete	dovrete
	loro	andranno	daranno	faranno	staranno	berranno	dovranno
Passé composé	io	sono andato/a	ho dato	ho fatto	sono stato/a	ho bevuto	ho dovuto
	tu	sei andato/a	hai dato	hai fatto	sei stato/a	hai bevuto	hai dovuto
	lui / lei	è andato/a	ha dato	ha fatto	è stato/a	ha bevuto	ha dovuto
	noi	siamo andati/e	abbiamo dato	abbiamo fatto	siamo stati/e	abbiamo bevuto	abbiamo dovuto
	voi	siete andati/e	avete dato	avete fatto	siete stati/e	avete bevuto	avete dovuto
	loro	sono andati/e	hanno dato	hanno fatto	sono stati/e	hanno bevuto	hanno dovuto
Passé simple	io	andai	diedi	feci	stetti	bevvi	dovei/etti
	tu	andasti	desti	facesti	stesti	bevesti	dovesti
	lui / lei	andò	diede	fece	stette	bevve	dové/ette
	noi	andammo	demmo	facemmo	stemmo	bevemmo	dovemmo
	voi	andaste	deste	faceste	steste	beveste	doveste
	loro	andarono	diedero	fecero	stettero	bevvero	doverono/ettero
Conditionnel	io	andrei	darei	farei	starei	berrei	dovrei
	tu	andresti	daresti	faresti	staresti	berresti	dovresti
	lui / lei	andrebbe	darebbe	farebbe	starebbe	berrebbe	dovrebbe
	noi	andremmo	daremmo	faremmo	staremmo	berremmo	dovremmo
	voi	andreste	dareste	fareste	stareste	berreste	dovreste
	loro	andrebbero	darebbero	farebbero	starebbero	berrebbero	dovrebbero
Subjonctif **Présent**	io	vada	dia	faccia	stia	beva	deva/debba
	tu	vada	dia	faccia	stia	beva	deva/debba
	lui / lei	vada	dia	faccia	stia	beva	deva/debba
	noi	andiamo	diamo	facciamo	stiamo	beviamo	dobbiamo
	voi	andiate	diate	facciate	stiate	beviate	dobbiate
	loro	vadano	diano	facciano	stiano	bevano	devano/debbano
Imparfait	io	andassi	dessi	facessi	stessi	bevessi	dovessi
	tu	andassi	dessi	facessi	stessi	bevessi	dovessi
	lui / lei	andasse	desse	facesse	stesse	bevesse	dovesse
	noi	andassimo	dessimo	facessimo	stessimo	bevessimo	dovessimo
	voi	andaste	deste	faceste	steste	beveste	doveste
	loro	andassero	dessero	facessero	stessero	bevessero	dovessero
Impératif	tu	va'/vai	da'/dai	fa'/fai	sta'/stai	bevi	
	Lei	vada	dia	faccia	stia	beva	
	noi	andiamo	diamo	facciamo	stiamo	beviamo	
	voi	andate	date	fate	state	bevete	
Gérondif		andando	dando	facendo	stando	bevendo	dovendo
Participe passé		andato	dato	fatto	stato	bevuto	dovuto

		condurre	leggere	nascere	piacere	potere	porre
Indicatif **Présent**	io	conduco	leggo	nasco	piaccio	**posso**	pongo
	tu	conduci	leggi	nasci	piaci	**puoi**	poni
	lui / lei	conduce	legge	nasce	piace	**può**	pone
	noi	conduciamo	leggiamo	nasciamo	piacciamo,	**possiamo**	poniamo
	voi	conducete	leggete	nascete	piacete	potete	ponete
	loro	conducono	leggono	nascono	piacciono,	**possono**	pongono
Imparfait	io	conducevo	leggevo	nascevo	piacevo	potevo	**ponevo**
	tu	conducevi	leggevi	nascevi	piacevi	potevi	ponevi
	lui / lei	conduceva	egli leggeva	nasceva	piaceva	poteva	poneva
	noi	conducevamo	leggevamo	nascevamo	piacevamo	potevamo	ponevamo
	voi	conducevate	leggevate	nascevate	piacevate	potevate	ponevate
	loro	conducevano	leggevano	nascevano	piacevano	potevano	ponevano
Futur	io	condurrò	leggerò	nascerò	piacerò	**potrò**	**porrò**
	tu	condurrai	leggerai	nascerai	piacerai	potrai	porrai
	lui / lei	condurrà	leggerà	nascerà	piacerà	potrà	porrà
	noi	condurremo	leggeremo	nasceremo	piaceremo	potremo	porremo
	voi	condurrete	leggerete	nascerete	piacerete	potrete	porrete
	loro	condurranno	leggeranno	nasceranno	piaceranno	potranno	porranno
Passé composé	io	ho condotto	**ho letto**	**sono nato/a**	sono piaciuto/a	ho potuto	**ho posto**
	tu	hai condotto	hai letto	sei nato/a	sei piaciuto/a	hai potuto	hai posto
	lui / lei	ha condotto	ha letto	è nato/a	è piaciuto/a	ha potuto	ha posto
	noi	abbiamo condotto	abbiamo letto	siamo nati/e	siamo piaciuti/e	abbiamo potuto	abbiamo posto
	voi	avete condotto	avete letto	siete nati/e	siete piaciuti/e	avete potuto	avete posto
	loro	hanno condotto	hanno letto	sono nati/e	sono piaciuti/e	hanno potuto	hanno posto
Passé simple	io	condussi	**lessi**	**nacqui**	**piacqui**	potei/etti	**posi**
	tu	conducesti	leggesti	nascesti	piacesti	potesti	ponesti
	lui / lei	condusse	**lesse**	**nacque**	**piacque**	poté/ette	**pose**
	noi	conducemmo	leggemmo	nascemmo	piacemmo	potemmo	ponemmo
	voi	conduceste	leggeste	nasceste	piaceste	poteste	poneste
	loro	condussero	**lessero**	**nacquero**	**piacquero**	poterono/ettero	**posero**
Conditionnel	io	condurrei	leggerei	nascerei	piacerei	**potrei**	**porrei**
	tu	condurresti	leggeresti	nasceresti	piaceresti	potresti	porresti
	lui / lei	condurrebbe	leggerebbe	nascerebbe	piacerebbe	potrebbe	porrebbe
	noi	condurremmo	leggeremmo	nasceremmo	piaceremmo	potremmo	porremmo
	voi	condurreste	leggereste	nascereste	piacereste	potreste	porreste
	loro	condurrebbero	leggerebbero	nascerebbero	piacerebbero	potrebbero	porrebbero
Subjonctif **Présent**	io	conduca	legga	nasca	piaccia	**possa**	ponga
	tu	conduca	legga	nasca	piaccia	**possa**	ponga
	lui / lei	conduca	legga	nasca	piaccia	**possa**	ponga
	noi	conduciamo	leggiamo	nasciamo	piacciamo	possiamo	poniamo
	voi	conduciate	leggiate	nasciate	piacciate	possiate	poniate
	loro	conducano	leggano	nascano	piacciano	**possano**	pongano
Imparfait	io	conducessi	leggessi	nascessi	piacessi	potessi	**ponessi**
	tu	conducessi	leggessi	nascessi	piacessi	potessi	ponessi
	lui / lei	conducesse	leggesse	nascesse	piacesse	potesse	ponesse
	noi	conducessimo	leggessimo	nascessimo	piacessimo	potessimo	ponessimo
	voi	conduceste	leggeste	nasceste	piaceste	poteste	poneste
	loro	conducessero	leggessero	nascessero	piacessero	potessero	ponessero
Impératif	tu	conduci	leggi	nasci	piaci		poni
	Lei	conduca	legga	nasca	piaccia		**ponga**
	noi	conduciamo	leggiamo	nasciamo	piacciamo		poniamo
	voi	conducete	leggete	nascete	piacete		ponete
Gérondif		conducendo	leggendo	nascendo	piacendo	potendo	ponendo
Participe passé		condotto	**letto**	**nato**	piaciuto	potuto	**posto**

		prendere	rimanere	sapere	sedere	scegliere	scrivere
Indicatif **Présent**	io	prendo	**rimango**	**so**	**siedo**	**scelgo**	scrivo
	tu	prendi	rimani	**sai**	**siedi**	scegli	scrivi
	lui / lei	prende	rimane	**sa**	**siede**	sceglie	scrive
	noi	prendiamo	rimaniamo	**sappiamo**	sediamo	scegliamo	scriviamo
	voi	prendete	rimanete	**sapete**	sedete	scegliete	scrivete
	loro	prendono	**rimangono**	**sanno**	**siedono**	**scelgono**	scrivono
Imparfait	io	prendevo	rimanevo	sapevo	sedevo	sceglievo	scrivevo
	tu	prendevi	rimanevi	sapevi	sedevi	sceglievi	scrivevi
	lui / lei	prendeva	rimaneva	sapeva	sedeva	sceglieva	scriveva
	noi	prendevamo	rimanevamo	sapevamo	sedevamo	sceglievamo	scrivevamo
	voi	prendevate	rimanevate	sapevate	sedevate	sceglievate	scrivevate
	loro	prendevano	rimanevano	sapevano	sedevano	sceglievano	scrivevano
Futur	io	prenderò	**rimarrò**	**saprò**	**siederò**	sceglierò	scriverò
	tu	prenderai	rimarrai	saprai	siederai	sceglierai	scriverai
	lui / lei	prenderà	rimarrà	saprà	siederà	sceglierà	scriverà
	noi	prenderemo	rimarremo	sapremo	siederemo	sceglieremo	scriveremo
	voi	prenderete	rimarrete	saprete	siederete	sceglierete	scriverete
	loro	prenderanno	rimarranno	sapranno	siederanno	sceglieranno	scriveranno
Passé composé	io	**ho preso**	**sono rimasto/a**	ho saputo	sono seduto/a	**ho scelto**	**ho scritto**
	tu	hai preso	sei rimasto/a	hai saputo	sei seduto/a	hai scelto	hai scritto
	lui / lei	ha preso	è rimasto/a	ha saputo	è seduto/a	ha scelto	ha scritto
	noi	abbiamo preso	siamo rimasti/e	abbiamo saputo	siamo seduti/e	abbiamo scelto	abbiamo scritto
	voi	avete preso	siete rimasti/e	avete saputo	siete seduti/e	avete scelto	avete scritto
	loro	hanno preso	sono rimasti/e	hanno saputo	sono seduti/e	hanno scelto	hanno scritto
Passé simple	io	**presi**	**rimasi**	**seppi**	**sedetti**/sedei	**scelsi**	**scrissi**
	tu	prendesti	rimanesti	sapesti	sedesti	scegliesti	scrivesti
	lui / lei	**prese**	**rimase**	**seppe**	**sedette**/sedé	**scelse**	**scrisse**
	noi	prendemmo	rimanemmo	sapemmo	sedemmo	scegliemmo	scrivemmo
	voi	prendeste	rimaneste	sapeste	sedeste	sceglieste	scriveste
	loro	**presero**	**rimasero**	**seppero**	**sedettero** /sederono	**scelsero**	**scrissero**
Conditionnel	io	prenderei	**rimarrei**	saprei	**siederei**	sceglierei	scriverei
	tu	prenderesti	rimarresti	sapresti	siederesti	sceglieresti	scriveresti
	lui / lei	prenderebbe	rimarrebbe	saprebbe	siederebbe	sceglierebbe	scriverebbe
	noi	prenderemmo	rimarremmo	sapremmo	sederemmo	sceglieremmo	scriveremmo
	voi	prendereste	rimarreste	sapreste	siedereste	scegliereste	scrivereste
	loro	prenderebbero	rimarrebbero	saprebbero	siederebbero	sceglierebbero	scriverebbero
Subjonctif **Présent**	io	prenda	**rimanga**	**sappia**	**sieda**	**scelga**	scriva
	tu	prenda	**rimanga**	**sappia**	**sieda**	**scelga**	scriva
	lui / lei	prenda	**rimanga**	**sappia**	**sieda**	**scelga**	scriva
	noi	prendiamo	rimaniamo	sappiamo	sediamo	scegliamo	scriviamo
	voi	prendiate	rimaniate	sappiate	sediate	scegliate	scriviate
	loro	prendano	**rimangano**	**sappiano**	**siedano**	**scelgano**	scrivano
Imparfait	io	prendessi	rimanessi	sapessi	sedessi	scegliessi	scrivessi
	tu	prendessi	rimanessi	sapessi	sedessi	scegliessi	scrivessi
	lui / lei	prendesse	rimanesse	sapesse	sedesse	scegliesse	scrivesse
	noi	prendessimo	rimanessimo	sapessimo	sedessimo	scegliessimo	scrivessimo
	voi	prendeste	rimaneste	sapeste	sedeste	sceglieste	scriveste
	loro	prendessero	rimanessero	sapessero	sedessero	scegliessero	scrivessero
Impératif	tu	prendi	rimani	**sappi**	**siedi**	scegli	scrivi
	Lei	prenda	**rimanga**	**sappia**	**sieda**	**scelga**	scriva
	noi	prendiamo	rimaniamo	**sappiamo**	sediamo	scegliamo	scriviamo
	voi	prendete	rimanete	sapete	sedete	scegliete	scrivete
Gérondif		prendendo	rimanendo	sapendo	sedendo	scegliendo	scrivendo
Participe passé		**preso**	**rimasto**	saputo	seduto	**scelto**	**scritto**

		tradurre	tenere	valere	vedere	venire	volere
Indicatif **Présent**	io	traduco	tengo	valgo	vedo	vengo	voglio
	tu	traduci	tieni	vali	vedi	vieni	vuoi
	lui / lei	traduce	tiene	vale	vede	viene	vuole
	noi	traduciamo	teniamo	valiamo	vediamo	veniamo	vogliamo
	voi	traducete	tenete	valete	vedete	venite	volete
	loro	traducono	tengono	valgono	vedono	vengono	vogliono
Imparfait	io	traducevo	tenevo	valevo	vedevo	venivo	volevo
	tu	traducevi	tenevi	valevi	vedevi	venivi	volevi
	lui / lei	traduceva	teneva	valeva	vedeva	veniva	voleva
	noi	traducevamo	tenevamo	valevamo	vedevamo	venivamo	volevamo
	voi	traducevate	tenevate	valevate	vedevate	venivate	volevate
	loro	traducevano	tenevano	valevano	vedevano	venivano	volevano
Futur	io	tradurrò	terrò	varrò	vedrò	verrò	vorrò
	tu	tradurrai	terrai	varrai	vedrai	verrai	vorrai
	lui / lei	tradurrà	terrà	varrà	vedrà	verrà	vorrà
	noi	tradurremo	terremo	varremo	vedremo	verremo	vorremo
	voi	tradurrete	terrete	varrete	vedrete	verrete	vorrete
	loro	tradurranno	terranno	varranno	vedranno	verranno	vorranno
Passé composé	io	ho tradotto	ho tenuto	ho valso	ho visto	sono venuto/a	ho voluto
	tu	hai tradotto	hai tenuto	hai valso	hai visto	sei venuto/a	hai voluto
	lui / lei	ha tradotto	ha tenuto	ha valso	ha visto	è venuto/a	ha voluto
	noi	abbiamo tradotto	abbiamo tenuto	abbiamo valso	abbiamo visto	siamo venuti/e	abbiamo voluto
	voi	avete tradotto	avete tenuto	avete valso	avete visto	siete venuti/e	avete voluto
	loro	hanno tradotto	hanno tenuto	hanno valso	hanno visto	sono venuti/e	hanno voluto
Passé simple	io	tradussi	tenni	valsi	vidi	venni	volli
	tu	traducesti	tenesti	valesti	vedesti	venesti	Volesti
	lui / lei	tradusse	tenne	valse	vide	venne	volle
	noi	traducemmo	tenemmo	valemmo	vedemmo	venimmo	volemmo
	voi	traduceste	teneste	valeste	vedeste	veniste	voleste
	loro	tradussero	tennero	valsero	videro	vennero	vollero
Conditionnel	io	tradurrei	terrei	varrei	vedrei	verrei	vorrei
	tu	tradurresti	terresti	varresti	vedresti	verresti	vorresti
	lui / lei	tradurrebbe	terrebbe	varrebbe	vedrebbe	verrebbe	vorrebbe
	noi	tradurremmo	terremmo	varremmo	vedremmo	verremmo	vorremmo
	voi	tradurreste	terreste	varreste	vedreste	verreste	vorreste
	loro	tradurrebbero	terrebbero	varrebbero	vedrebbero	verrebbero	vorrebbero
Subjonctif **Présent**	io	traduca	tenga	valga	veda	venga	voglia
	tu	traduca	tenga	valga	veda	venga	voglia
	lui / lei	traduca	tenga	valga	veda	venga	voglia
	noi	traduciamo	teniamo	valiamo	vediamo	veniamo	vogliamo
	voi	traduciate	teniate	valiate	vediate	veniate	vogliate
	loro	traducano	tengano	valgano	vedano	vengano	vogliano
Imparfait	io	traducessi	tenessi	valessi	vedessi	venissi	volessi
	tu	traducessi	tenessi	valessi	vedessi	venissi	volessi
	lui / lei	traducesse	tenesse	valesse	vedesse	venisse	volesse
	noi	traducessimo	tenessimo	valessimo	vedessimo	venissimo	volessimo
	voi	traduceste	teneste	valeste	vedeste	veniste	voleste
	loro	traducessero	tenessero	valessero	vedessero	venissero	volessero
Impératif	tu	traduci	tieni	vali	vedi	vieni	vuoi
	Lei	traduca	tenga	valga	veda	venga	voglia
	noi	traduciamo	teniamo	valiamo	vediamo	veniamo	vogliamo
	voi	traducete	tenete	valete	vedete	venite	volete
Gérondif		traducendo	tenendo	valendo	vedendo	venendo	volendo
Participe passé		tradotto	tenuto	valso	visto (veduto)	venuto	voluto

		dire	offrire	morire	riuscire	salire	udire
Indicatif **Présent**	io	dico	offro	muoio	riesco	salgo	odo
	tu	dici	offri	muori	riesci	sali	odi
	lui / lei	dice	offre	muore	riesce	sale	ode
	noi	diciamo	offriamo	moriamo	riusciamo	saliamo	udiamo
	voi	dite	offrite	morite	riuscite	salite	udite
	loro	dicono	offrono	muoiono	riescono	salgono	odono
Imparfait	io	dicevo	offrivo	morivo	riuscivo	salivo	udivo
	tu	dicevi	offrivi	morivi	riuscivi	salivi	udivi
	lui / lei	diceva	offriva	moriva	riusciva	saliva	udiva
	noi	dicevamo	offrivamo	morivamo	riuscivamo	salivamo	udivamo
	voi	dicevate	offrivate	morivate	riuscivate	salivate	udivate
	loro	dicevano	offrivano	morivano	riuscivano	salivano	udivano
Futur	io	dirò	offrirò	morirò	riuscirò	salirò	udirò
	tu	dirai	offrirai	morirai,	riuscirai	salirai	udirai
	lui / lei	dirà	offrirà	morirà	riuscirà	salirà	udirà
	noi	diremo	offriremo	moriremo	riusciremo	saliremo	udiremo
	voi	direte	offrirete	morirete	riuscirete	salirete	udirete
	loro	diranno	offriranno	moriranno	riusciranno	saliranno	udiranno
Passé composé	io	ho detto	ho offerto	sono morto/a	sono riuscito/a	ho salito	ho udito
	tu	hai detto	hai offerto	sei morto/a	sei riuscito/a	hai salito	hai udito
	lui / lei	ha detto	ha offerto	è morto/a	è riuscito/a	ha salito	ha udito
	noi	abbiamo detto	abbiamo offerto	siamo morti/e	siamo riusciti/e	abbiamo salito	abbiamo udito
	voi	avete detto	avete offerto	siete morti/e	siete riusciti/e	avete salito	avete udito
	loro	hanno detto	hanno offerto	sono morti/e	sono riusciti/e	hanno salito	hanno udito
Passé simple	io	dissi	offrii/offersi	morii	riuscii	salii	udii
	tu	dicesti	offristi	moristi	riuscisti	salisti	udisti
	lui / lei	disse	offrì/offerse	morì	riuscì	salì	udì
	noi	dicemmo	offrimmo	morimmo	riuscimmo	salimmo	udimmo
	voi	diceste	offriste	moriste	riusciste	saliste	udiste
	loro	dissero	offrirono/offersero	morirono	riuscirono	salirono	udirono
Conditionnel	io	direi	offrirei	morirei	riuscirei	salirei	udirei
	tu	diresti	offriresti	moriresti	riusciresti	saliresti	udiresti
	lui / lei	direbbe	offrirebbe	morirebbe	riuscirebbe	salirebbe	udirebbe
	noi	diremmo	offriremmo	moriremmo	riusciremmo	saliremmo	udiremmo
	voi	direste	offrireste	morireste	riuscireste	salireste	udireste
	loro	direbbero	offrirebbero	morirebbero	riuscirebbero	salirebbero	udirebbero
Subjonctif **Présent**	io	dica	offra	muoia	riesca	salga	oda
	tu	dica	offra	muoia	riesca	salga	oda
	lui / lei	dica	offra	muoia	riesca	salga	oda
	noi	diciamo	offriamo	moriamo	riusciamo	saliamo	udiamo
	voi	diciate	offriate	moriate	riusciate	saliate	udiate
	loro	dicano	offrano	muoiano	riescano	salgano	odano
Imparfait	io	dicessi	offrissi	morissi	riuscissi	salissi	udissi
	tu	dicessi	offrissi	morissi	riuscissi	salissi	udissi
	lui / lei	dicesse	offrisse	morisse	riuscisse	salisse	udisse
	noi	dicessimo	offrissimo	morissimo	riuscissimo	salissimo	udissimo
	voi	diceste	offriste	moriste	riusciste	saliste	udiste
	loro	dicessero	offrissero	morissero	riuscissero	salissero	udissero
Impératif	tu	di'	offri	muori	riesci	sali	odi
	Lei	dica	offra	muoia	riesca	salga	oda
	noi	diciamo	offriamo	moriamo	riusciamo	saliamo	udiamo
	voi	dite	offrite	morite	riuscite	salite	udite
Gérondif		dicendo	offrendo	morendo	riuscendo	salendo	udendo
Participe passé		detto	offerto	morto	riuscito	salito	udito

Attention ! Il existe d'autres verbes irréguliers !

5. Les formes irrégulières au participe passé

infinitif	traduction	Participe passé
accendere	allumer	acceso
accorgersi	s'apercevoir	accorto
appendere	accrocher, suspendre	appeso
aprire	ouvrir	aperto
assistere	assister	assistito
attendere	attendre	atteso
chiedere	demander	chiesto
chiudere	fermer	chiuso
concludere	conclure	concluso
confondere	confondre	confuso
conoscere	connaître	conosciuto
coprire	couvrir	coperto
correggere	corriger	corretto
correre	courrir	corso
costare	coûter	costato
crescere	grandir	cresciuto
decidere	décider	deciso
difendere	défendre	difeso
dipendere	dépendre, relever	dipeso
dipingere	peindre	dipinto
discutere	discuter	discusso
distruggere	détruire	distrutto
dividere	diviser, partager	diviso
esplodere	exploser, éclater	esploso
esprimere	exprimer	espresso
evadere	s'évader	evaso
fingere	feindre	finto
giungere	arriver, parvenir	giunto
illudersi	se tromper	illuso
insistere	insister	insistito
leggere	lire	letto
mettere	mettre	messo

muovere	bouger	mosso
nascondere	cacher	nascosto
offendere	offenser	offeso
offrire	offrir	offerto
perdere	perdre	perso
persuadere	persuader	persuaso
piangere	pleurer	pianto
piovere	pleuvoir	piovuto
porgere	tendre	porto
reggere	soutenir, supporter	retto
rendere	rendre	reso
resistere	résister	resistito
ridere	rire	riso
risolvere	résoudre	risolto
rispondere	répondre	risposto
rompere	casser	rotto
scendere	descendre	sceso
spendere	dépenser	speso
spegnere	éteindre	spento
succedere	se produire, arriver	successo
uccidere	tuer	ucciso
vincere	vaincre	vinto

Attention ! Il existe d'autres participes passés irréguliers !

Italien-Français

A

abitare (verbe): *habiter*

accanto a (adv.): *près de, à côté de*

l'acqua (nom féminin): *l'eau*

adesso (adv.): *maintenant*

adorare (verbe): *adorer*

l'aereo (nom masc.): *l'avion*

l'aeroporto (nom masc.): *l'aéroport*

Afrodite (nom fém.): *Aphrodite*

aiutare (verbe): *aider*

aggiungere (verbe): *ajouter*

aggressivo (adj.): *agressif*

l'aglio (nom masc.): *l'ail*

l'ala (nom fém.): *l'aile*

l'albero (nom masc.): *l'arbre*

allegro (adj.): *joyeux*

allontanarsi (verbe): *s'éloigner*

allora (adv.): *alors*

alto (adj.): *grand (taille)*

in alto (adv.): *en haut*

l'alunna (nom fém.): *l'élève*

l'alunno (nom masc.): *l'élève*

alzarsi (verbe) *se lever*

l'amica (nom fém.): *l'amie*

l'amico (nom masc.): *l'ami*

l'amico del cuore (expression): *le meilleur ami*

anche (adv.): *aussi*

ancora (adv.): *encore*

andare (verbe): *aller*

andare pazzo per (verbe): *être fou de*

l'angolo (nom masc.): *le coin*

l'anno (nom masc.): *l'année, l'an*

l'appartamento (nom masc.): *l'appartement*

l'arancia (nom fém.): *l'orange*

arancione (adj.): *orange*

Ares (nom masc.): *Arès*

l'arma (nom fém.): *l'arme*

arrivederci (nom): *au revoir*

gli artigli (nom masc. pl.): *les serres*

aspettare (verbe): *attendre*

Atena (nom fém.): *Athéna*

l'atrio (nom masc.): *le hall*

l'aula (nom fém.): *la salle*

Auguri! (expression): *Bon anniversaire !*

Tanti auguri! (expression): *Tous mes vœux !*

autentico (adj.): *authentique*

l'autunno (nom masc.): *l'automne*

avere (verbe): *avoir*

azzurro (adj.): *bleu*

B

il bacio (nom masc.): *le bisou*

il bagno (nom masc.): *la salle de bain*

il balcone (nom masc.): *le balcon*

la bambina (nom fém.): *la petite fille*

il bambino (nom masc.): *le petit garçon*

la banana (nom masc.): *la banane*

il banco (nom masc.): *le banc*

il barattolo (nom masc.): *le pot, la canette*

la barba (nom fém.): *la barbe*

la basilica (nom fém.): *la basilique*

basso (adj.): *petit (taille)*

in basso (adv.): *en bas*

una battaglia (nom fém.): *une bataille*

belga (adj.): *belge*

Il Belgio (nom masc.): *Belgique*

bello (adj.): *beau*

Che bello! (expression): *Comme c'est beau !*

bere (verbe): *boire*

bianco (adj.): *blanc*

la bici (-cletta) (nom fém.): *le vélo*

biondo (adj.): *blond*

bisogna (verbe): *il faut*

la bistecca (nom fém.): *le steak*

blu (adj.)): *bleu foncé*

la bocca (nom fém.): *la bouche*

la bottiglia (nom fém.): *la bouteille*

le braccia (nom fém. pl.): *les bras*

il braccio (nom masc.): *le bras*

il broccolo (nom masc.): *le brocoli*

brutto (adj.): *laid*

buongiorno (nom masc.): *bonjour*

buona notte (nom fém.): *bonne nuit*

buona sera (nom fém.): *bonsoir*

il burro (nom masc.): *le beurre*

cadere (verbe): *tomber*

il calciatore (nom masc.): *footballeur*

il calcio (nom masc.): *le football*

caldo (adj.): *chaud*

calvo (adj.): *chauve*

la calza (nom fém.): *la chaussette*

la camicetta (nom fém.): *le chemisier*

la camera (nom fém.): *la chambre*

il cameriere (nom masc.): *le serveur*

il camino (nom masc.): *la cheminée*

la campana (nom fém.): *la cloche*

il campanile (nom masc.): *le clocher*

il campionato (nom masc.): *le championnat*

il cantante (nom masc.): *le chanteur*

la cantante (nom fém.): *la chanteuse*

cantare (verbe): *chanter*

la canzone (nom fém.): *la chanson*

la cappa (nom fém.): *la cape*

i capelli (nom masc. pl.): *les cheveux*

la caramella (nom masc.): *le bonbon*

il carbone (nom masc.): *le charbon*

la carota (nom fém.): *la carotte*

la carne (nom fém.): *la viande*

il carro (nom masc.): *le char*

la carrozza (nom fém.): *le carrosse*

Il cartone animato (nom masc.): *le dessin animé*

la casa (nom fém.): *la maison*

Il castello (nom masc.): *le château*

il cavallo (nom masc.): *le cheval*

il cavolfiore (nom masc.): *le chou-fleur*

la cena (nom fém.): *le dîner*

cercare (verbe): *chercher*

ciao (nom masc.): *salut*

il ciclismo (nom masc.): *le cyclisme*

la cipolla (nom fém.): *l'oignon*

circondare (verbe): *entourer*

la città (nom fém.): *la ville*

chattare (verbe): *chatter*

Che? (mot interr.): *Qu'est-ce-que?*

Che cosa? (mot interr.): *Qu'est-ce-que?*

Chi? (mot interr.): *Qui?*

chiamarsi (verbe): *s'appeler*

la chiesa (nom fém.): *l'église*

il chilo (nom masc.): *le kilo*

la chitarra (nom fém.): *la guitare*

chiudere (verbe): *fermer*

chiuso (adj.): *fermé*

la classe (nom fém.): *la classe*

cliccare (verbe): *cliquer*

la coda (nom fém.): *la queue*

il cognome (nom masc.): *le nom*

la colazione (nom fém.): *le petit-déjeuner*

il collo (nom masc.): *le cou*

il colore (nom masc.): *la couleur*

il coltello (nom masc.): *le couteau*

Come? (mot interr.): *Comment?*

comico (adj.): *comique*

la compagnia aerea (nom fém.): *la compagnie aérienne*

la compagna (nom fém.): *la copine*

il compagno (nom masc.): *le copain*

il compito (nom masc.): *le devoir*

il compleanno (nom masc.): *l'anniversaire*

Complimenti! (expression): *Félicitations!*

comprare (verbe): *acheter*

il computer (nom masc.): *l'ordinateur*

il conduttore (nom masc.): *le présentateur*

la coniugazione (nom fém.): *la conjugaison*

il coniglio (nom masc.): *le lapin*

conoscere (verbe): *connaître*

contento (adj.): *content*

il conto (nom masc.): *l'addition (à payer)*

la convivenza (nom fém.): *la cohabitation*

la copertina (nom fém.): *la couverture (d'un livre)*

i coriandoli (nom. masc.): *les confettis*

il corpo (nom masc.): *le corps*

il cortile (nom masc.): *la cour*

corto (adj.): *court*

Cosa? (mot interr.): *Qu'est-ce-que?*

così (adv.): *comme ça*

Crono (nom masc.): *Chronos*

il cucchiaio (nom masc.): *la cuillère*

la cucina (nom fém.): *la cuisine*

cucinare (verbe): *cuisinier*

cucire (verbe): *coudre*

la cugina (nom fém.): *la cousine*

il cugino (nom masc.): *le cousin*

la cuoca (nom fém.): *la cuisinière*

il cuoco (nom masc.): *le cuisinier*

Dai! (expression): *Allez!*

davvero (adv.): *vraiment*

il dente (nom masc.): *la dent*

a destra (adv.): *à droite*

dimenticare (verbe): *oublier*
il dio (nom masc.): *le dieu*
dipingere (verbe): *peindre*
il dipinto (verbe): *la peinture, le tableau*
disegnare (verbe): *dessiner*
divertirsi (verbe): *s'amuser*
la doccia (nom fém.): *la douche*
il dolce (nom masc.): *le dessert*
domandare (verbe): *demander*
la donna (nom fém.): *la femme*
dopo (adv.): *après*
dormire (verbe): *dormir*
Dove? (mot interr.): *Où ?*
dovere (verbe): *devoir*
drammatico (adj.): *dramatique*
dritto (adj.): *droit*

ecco (adv.): *voici*
l'edificio (nom masc.): *l'édifice*
l'equitazione (nom fém.): *l'équitation*
Era (nom fém.): *Héra*
Ermes (nom masc.): *Hermès*
l'eroe (nom masc.): *le héros*
l'esercizio (nom masc.): *l'exercice*
l'esperienza (nom fém.): *l'expérience*
essere (verbe): *être*
l'estate (nom masc.): *l'été*
l'etto (nom masc.): *100 grammes*

famoso (adj.): *célèbre*
fare (verbe): *faire*
fare casino (verbe): *faire du bruit*
fare un giro (verbe): *faire un tour*
Per favore (expression): *s'il te/vous plaît*
la fermata (nom fém.): *l'arrêt*
la festa (nom fém.): *la fête*
festeggiare (verbe): *fêter*
la fidanzata (nom fém.): *la fiancée*
il fidanzato (nom masc.): *le fiancé*
il filo (nom masc.): *le fil*
Il film (nom masc.): *le film*
finire (verbe): *finir*
in fondo (adverbe): *au fond*

il formaggio (nom masc.): *le fromage*
la fragola (nom fém.): *la fraise*
il fratellastro (nom masc.): *le demi-frère*
il fratello (nom masc.): *le frère*
freddo (adj.): *froid*
la fronte (nom fém.): *le front*
di fronte a (adv.): *devant*
la frutta (nom fém.): *le fruit*
il fumetto (nom masc.): *la bande-dessinée*

la gamba (nom fém.): *la jambe*
il garage (nom masc.): *le garage*
il genere (nom masc.): *le genre*
I genitori (nom masc. pl.): *les parents*
la Germania (nom fém.): *l'Allemagne*
già (adv.): *déjà*
giallo (adj.): *jaune*
il giardino (nom masc.): *le jardin*
il gioco (nom masc.): *le jeu*
la giornata (nom fém.): *la journée*
il giorno (nom masc.): *le jour*
giovane (adj.): *jeune*
girare (verbe): *tourner*
Giunone (nom fém.): *Junon*
giusto (adj.): *juste*
gobbo (adj.): *bossu*
la gomma (nom fém.): *le chewing-gum*
grande (adj.): *grand*
grasso (adj.): *gras, gros*
la grattugia (nom fém.): *la râpe*
grazie (nom masc.): *merci*
la Grecia (nom fém.): *la Grèce*
greco (adj.): *grec*
grigio (adj.): *gris*
guardare (verbe): *regarder*

l'incrocio (nom masc.): *le carrefour*
l'Inghilterra (nom fém.): *l'Angleterre*
inglese (adj.): *anglais*
l'insalata (nom fém.): *la salade*
insieme (adv.): *ensemble*
intorno a (adv.): *autour de*

interessante (adj.): *intéressant*
invece (adv.): *au contraire*
l'inverno (nom masc.): *l'hiver*
l'isola (nom fém.): *l'île*
l'Italia (nom fém.): *l'Italie*
italiano (adj.): *italien*

là (adv.): *là*
il latte (nom masc.): *le lait*
lasciare (verbe): *laisser*
lavarsi (verbe): *se laver*
leggere (verbe): *lire*
il letto (nom masc.): *le lit*
la lezione (nom fém.): *la leçon*
lì (adv.): *là*
il libro (nom masc.): *le livre*
il limone (nom masc.): *le citron*
la lingua (nom fém.): *la langue*
liscio (adj.): *lisse, raide*
il litro (nom masc.): *le litre*
lontano (di) (adv.): *loin (de)*
lottare (verbe): *lutter*
lungo (adj.): *long*

ma (adv.): *mais*
la madre (nom fém.): *la mère*
la macelleria (nom fém.): *la boucherie*
il maestro (nom masc.): *le maître*
mai (adv.): *jamais*
il maiale (nom masc.): *le cochon*
il maggiordomo (nom masc.): *le majordome*
la maglietta (nom fém.): *le t-shirt*
magro (adj.): *maigre*
male (adv.): *mal*
la mamma (nom fém.): *la maman*
Mamma mia! (expression): *Mon dieu !*
la manifestazione (nom fém.): *la manifestation*
mangiare (verbe): *manger*
la mano (nom fém.): *la main*
marrone (adj.): *marron*
Marte (nom masc.): *Mars*
la maschera (nom fém.): *le masque*

masticare (verbe): *mâcher*
la materia (nom fém.): *la matière*
la mattina (nom fém.): *le matin*
la mela (nom fém.): *la pomme*
meno (adv.): *moins*
la mensa (nom fém.): *la cantine*
il mento (nom masc.): *le menton*
mentre (adv.): *pendant*
il menù (nom masc.): *le menu*
il mercato (nom masc.): *le marché*
Mercurio (nom masc.): *Mercure*
il mese (nom masc.): *le mois*
il messaggio (nom masc.): *le message*
il mestolo (nom masc.): *louche*
la meta (nom fém.): *la destination*
mezzanotte (nom fém.): *minuit*
in mezzo a (adv.): *au milieu de*
mezzogiorno (nom masc.): *minuit*
Minerva (nom fém.): *Minerve*
la mitologia (nom fém.): *la mythologie*
mitologico (adj.): *mythologie*
molto (adv.): *beaucoup*
il motorino (nom masc.): *la mobylette*
le mura (nom fém. pl.): *les remparts*
il muro (nom masc.): *le mur*
muscoloso (adj.): *musclé*
la musica (nom fém.): *la musique*

il naso (nom masc.): *le nez*
Natale (nom masc.): *Noël*
navigare su Internet (verbe): *naviguer sur Internet*
il negozio (nom masc.): *le magasin*
nero (adj.): *noir*
Nettuno (nom masc.): *Neptune*
il nome (nom masc.): *le prénom*
la nonna (nom fém.): *la grand-mère*
il nonno (nom masc.): *le grand-père*
la notte (nom fém.): *la nuit*
nuovo (adj.): *nouveau, neuf*

gli occhiali (nom masc. pl.): *les lunettes*
l'occhio (nom masc.): *l'œil*
odiare (verbe): *détester*

oggi (nom masc.): *aujourd'hui*
l'Olanda (nom fém.): *la Hollande*
l'olio (nom masc.): *l'huile*
l'oliva (nom fém.): *l'olive*
l'ora (nom fém.): *l'heure*
ora (adv.): *maintenant*
l'orecchio (nom masc.): *l'oreille*
l'orologio (nom masc.): *la montre*

la padella (nom féminin): *la poêle*
il padre (nom masc.): *le père*
il paese (nom masc.): *le pays*
il paesino (nom masc.): *le village*
il paio (di) (nom masc.): *la paire (de)*
pagare (verbe): *payer*
Pasqua (nom fém.): *Pâques*
la pasta (nom fém.): *les pâtes*
la pasta (nom fém.): *la pâte*
il palazzo (nom masc.): *l'immeuble*
la palestra (nom fém.): *le gymnase*
il pallone (nom masc.): *le ballon*
la panetteria (nom fém.): *la boulangerie*
il papà (nom masc.): *le papa*
il pasto (nom masc.): *le repas*
il parco (nom masc.): *le parc*
partire (verbe): *partir*
il patrigno (nom masc.): *le beau-père*
i passatempi (nom masc. pl.): *les loisirs*
la pasticceria (nom fém.): *la pâtisserie*
Che peccato! (expression): *Quel dommage !*
la pelle (nom fém.): *la peau*
il pelo (nom masc.): *le poil*
pensare (verbe): *penser*
la pentola (nom fém.): *la casserole*
il peperone (nom masc.): *poivron*
Perché? (mot interr.): *Pourquoi ?*
perché: *parce que*
però (adv.): *mais*
il pesce (nom masc.): *le poisson*
il personaggio (nom masc.): *le personnage*
pettinarsi (verbe): *se coiffer*
piacere (verbe): *plaire*
Piacere! (expression): *Enchanté !*
il piano (nom masc.): *l'étage*
il piano terra (nom masc.): *le rez-de-chaussée*
il pianoforte (nom masc.): *le piano*

il piatto (nom masc.): *le plat*
piccolo (adj.): *petit*
il piede (nom masc.): *le pied*
piove (verbe): *il pleut*
i piselli (nom masc.): *les petits pois*
più (adv.): *plus*
un po' (adv.): *un peu*
poco (adv.): *peu*
poi (adv.): *après*
il pomeriggio (nom masc.): *l'après-midi*
il pomodoro (nom masc.): *la tomate*
il pompelmo (nom masc.): *le pamplemousse*
il pollo (nom masc.): *le poulet*
il Portogallo (nom masc.): *le Portugal*
portoghese (adj.): *portugais*
Poseidone (nom masc.): *Poséidon*
il posto (nom masc.): *le lieu*
potere (verbe): *pouvoir*
il potere (nom masc.): *le pouvoir*
praticare uno sport (verbe): *faire un sport*
il pranzo (nom masc.): *le déjeuner*
preferire (verbe): *préférer*
prego (expression): *de rien*
prendere (verbe): *prendre*
il presepe (nom masc.): *la crèche*
presto (adv.): *tôt*
prezioso (adj.): *précieux*
il prezzemolo (nom masc.): *le persil*
prima (adv.): *d'abord*
la primavera (nom fém.): *le printemps*
la principessa (nom fém.): *la princesse*
il prodotto (nom masc.): *le produit*
il professore (nom masc.): *le professeur*
la professoressa (nom fém.): *le professeur*
Il programma (nom masc.): *le programme*
promuovere (nom masc.): *promouvoir*
Pronto? (expression): *Allo ?*
proprio (adv.): *vraiment*
il prosciutto (nom masc.): *le jambon*

qua (adv.): *ici*
il quaderno (nom masc.): *le cahier*
il quadro (nom masc.): *le tableau*
qualche (adv.): *quelque*
Quale? (mot interr.): *Quel ?*

Quando? (mot interr.): *Quand ?*
Quanto (-i, -a-, -e)? (mot interr.): *Combien ?*
qui (adv.): *ici*

raccontare (verbe): *raconter*
il ragazzo (nom masc.): *le garçon*
la ragazza (nom fém.): *la fille*
raramente (adv.): *rarement*
i Re Magi (nom masc.): *les Rois Mages*
il regalo (nom masc.): *le cadeau*
regionale (adj.): *régional*
la regione (nom fém.): *la région*
il riassunto (nom masc.): *le résumé*
riccio (adj.): *bouclé*
la ricetta (nom fém.): *la recette*
ridere (verbe): *rire*
il riflesso (nom masc.): *le réflexe*
rinunciare (verbe): *renoncer*
riposare (verbe): *reposer*
riposarsi (verbe): *se reposer*
il ristorante (nom masc.): *le restaurant*
rotondo (adj.): *rond*
rosa (adj.): *rose*
rosso (adj.): *rouge, roux*

il salame (nom masc.): *le saucisson*
Il salotto (nom masc.): *le salon*
la salumeria (nom fém.): *la charcuterie*
salve (nom masc.): *salut*
Saturno (nom masc.): *Saturne*
la scarpa (nom fém.): *la chaussure*
lo sci (nom masc.): *le ski*
lo scontrino (nom masc.): *le ticket de caisse*
la scopa (nom fém.): *le balai*
la scuola (nom fém.): *l'école*
secchione (adj.):
il semaforo (nom masc.): *le feu (circulation)*
sembrare (verbe): *sembler*
sempre (adv.): *toujours*
sentire (verbe): *entendre, sentir*

la sera (nom fém.): *le soir*
servire (verbe): *servir*
la sfilata (nom fém.): *le défilé*
simmetrico (adj.): *symétrique*
simpatico (adj.): *sympathique*
a sinistra (adv.): *à gauche*
snello (adj.): *élancé*
solamente (adv.): *seulement*
il soggiorno (nom masc.): *le salon*
i soldi (nom masc. pl.): *l'argent*
il sole (nom masc.): *le soleil*
solitamente (adv.): *habituellement*
solo (adv.): *seulement*
soltanto (adv.): *seulement*
sopra (adv.): *au-dessus*
il sopracciglio (nom masc.): *le sourcil*
la sorella (nom fém.): *la sœur*
sotto (adv.): *en dessous*
lo sport (nom masc.): *le sport*
la squadra (nom fém.): *l'équipe*
la Spagna (nom fém.): *l'Espagne*
spagnolo (adj.): *espagnol*
lo spazio (nom masc.): *l'espace*
la spesa (nom fém.): *les courses*
spesso (adv.): *souvent*
spiegare (verbe): *expliquer*
sposarsi (verbe): *se marier*
lo spot pubblicitario (nom masc.): *le spot publicitaire*
stanco (adj.): *fatigué*
stare (verbe) **(Come stai?)**: *aller (Comme vas-tu ?)*
stare (verbe): *rester*
studiare (verbe): *étudier*
stare zitto (verbe): *se taire*
la stazione (nom fém.): *la gare*
lo stecchino (nom masc.): *le cure-dent*
la storia (nom fém.): *l'histoire*
straniero (adj.): *étranger*
lo studio (nom masc.): *le bureau*
lo stuzzicadenti (nom masc.): *le cure-dent*
subito (adv.): *tout de suite*
il sugo (nom masc.): *la sauce*
suonare (verbe): *jouer (d'un instrument)*
il supereroe (nom masc.): *le super-héros*
il supermercato (nom masc.): *le supermarché*
il superpotere (nom masc.): *le super-pouvoir*
svegliarsi (verbe): *se réveiller*
la Svizzera (nom fém.): *la Suisse*
svizzero (adj.): *suisse*
svolgersi (verbe): *se dérouler*

 T

la tabaccheria (nom fém.): *le bureau de tabac*
taggare (verbe): *tagger*
tagliare (verbe): *couper*
tanto (adv.): *très, beaucoup de*
la tappa (nom fém.): *l'étape*
tardi (adv.): *tard*
il teatro (nom masc.): *le théâtre*
tedesco (adj.): *allemand*
telefonare (verbe): *téléphone*
il telegiornale (nom masc.): *le journal (TV)*
la televisione (nom fém.): *la télévision*
il tempio (nom masc.): *le temple*
il terrazzo (nom masc.): *la terrasse*
la testa (nom fém.): *la tête*
il tetto (nom masc.): *le toit*
il tiglio (nom masc.): *le tilleul*
La tivù (nom féminin): *la télé*
la torre (nom fém.): *la tour*
tornare (verbe): *rentrer*
la torta (nom fém.): *le gâteau*
tradizionale (adj.): *traditionnel*
il traffico (nom masc.): *la circulation*
la trasmissione (nom fém.): *l'émission*
il treno (nom masc.): *le train*
triste (adj.): *triste*
il tronco (nom masc.): *le tronc*
trovare (verbe): *trouver*
Il turista (nom masc.): *le touriste*
la turista (nom fém.): *la touriste*

 U

l'ulivo (nom masc.): *l'olivier*
l'uomo (nom masc.): *l'homme*
unico (adj.): *unique*
uscire (verbe): *sortir*
l'uovo (nom masc.): *l'œuf*
l'uva (nom masc.): *le raisin*

 V

la valigia (nom fém.): *la valise*
vecchio (adj.): *vieux*
la vendetta (nom fém.): *la vengeance*
Venere (nom féminin): *Vénus*
venire (verbe): *venir*
veramente (adv.): *vraiment*
verde (adj.): *vert*
la verdura (nom fém.): *les légumes*
versare (verbe): *verser*
vestirsi (verbe): *s'habiller*
viaggiare (verbe): *voyager*
il viaggio (nom masc.): *le voyage*
vicino a (adv.): *près de, à côté de*
il voto (nom masc.): *la note (scolaire)*
il videogioco (nom masc.): *le jeu vidéo*
il villaggio (nom masc.): *le village*
viola (adj.): *violet*
vincere (verbe): *vaincre*
il vitello (nom masc.): *le veau*
vivere (verbe): *vivre*
il volantino (nom masc.): *le prospectus*
volare (verbe): *voler*
volere (verbe): *vouloir*
la volta (nom fém.): *la fois*
il vuoto (nom masc.): *le vide*

 Z

lo zaino (nom masc.): *le sac à dos*
la zampa (nom fém.): *la patte*
la zia (nom fém.): *la tante*
lo zio (nom masc.): *l'oncle*
lo zucchero (nom masc.): *le sucre*
la zucchina (nom fém.): *la courgette*

Français-Italien

A

acheter: *comprare* (verbe)

l'addition (à payer): *il conto* (nom masc.)

adorer: *adorare* (verbe)

l'aéroport: *l'aeroporto* (nom masc.)

agressif: *aggressivo* (adj.)

aider: *aiutare* (verbe)

l'ail: *l'aglio* (nom masc.)

l'aile: *l'ala* (nom fém.)

ajouter: *aggiungere* (verbe)

aller: *andare* (verbe)

allemand: *tedesco* (adj.)

l'Allemagne: *la Germania* (nom fém.)

aller (Comme vas-tu?): *stare* (verbe) (Come stai?)

Allez!: *Dai!* (expression)

Allo?: *Pronto?* (expression)

alors: *allora* (adv.)

l'ami: *l'amico* (nom masc.)

le meilleur ami: *l'amico del cuore* (expression)

l'amie: *l'amica* (nom fém.)

s'amuser: *divertirsi* (verbe)

l'an: *l'anno* (nom masc.)

l'année: *l'anno* (nom masc.)

Bon anniversaire!: *Auguri!* (expression)

anglais: *inglese* (adj.)

l'Angleterre: *l'Inghilterra* (nom fém.)

l'anniversaire: *il compleanno* (nom masc.)

Aphrodite: *Afrodite* (nom fém.)

l'appartement: *l'appartamento* (nom masc.)

s'appeler: *chiamarsi* (verbe)

après: *poi* (adv.), dopo (adv.)

l'après-midi: *il pomeriggio* (nom masc.)

l'arbre: *l'albero* (nom masc.)

Arès: *Ares* (nom masc.)

l'argent: *i soldi* (nom masc. pl.)

l'arme: *l'arma* (nom fém.)

l'arrêt: *la fermata* (nom fém.)

Athéna: *Atena* (nom fém.)

attendre: *aspettare* (verbe)

au revoir: *arrivederci* (nom)

aujourd'hui: *oggi* (nom masc.)

aussi: *anche* (adv.)

authentique: *autentico* (adj.)

l'automne: *l'autunno* (nom masc.)

autour de: *intorno a* (adv.)

l'avion: *l'aereo* (nom masc.)

avoir: *avere* (verbe)

B

le baiser: *il bacio* (nom masc.)

le balai: *la scopa* (nom fém.)

le balcon: *il balcone* (nom masc.)

le ballon: *il pallone* (nom masc.)

la banane: *la banana* (nom fém.)

le banc: *il banco* (nom masc.)

la bande-dessinée: *il fumetto* (nom masc.)

la barbe: *la barba* (nom fém.)

en bas: *in basso* (adv.)

la basilique: *la basilica* (nom fém.)

une bataille: *una battaglia* (nom fém.)

beau: *bello* (adj.)

Comme c'est beau!: *Che bello!* (expression)

le beau-père: *il patrigno* (nom masc.)

beaucoup: *molto* (adv.)

beaucoup de: *tanto* (adv.)

belge: *belga* (adj.)

Belgique: *Il Belgio* (nom masc.)

le beurre: *il burro* (nom masc.)

blanc: *bianco* (adj.)

bleu: *blu* (adj)

bleu clair: *azzurro* (adj.)

blond: *biondo* (adj.)

boire: *bere* (verbe)

le bonbon: *la caramella* (nom masc.)

bonjour: *buongiorno* (nom masc.)

bonne nuit: *buona notte* (nom fém.)

bonsoir: *buona sera* (nom fém.)

bossu: *gobbo* (adj.)

la bouche: *la bocca* (nom fém.)

la boucherie: *la macelleria* (nom fém.)

bouclé: *riccio* (adj.)

la boulangerie: *la panetteria* (nom fém.), il fornaio (nom masc.)

la bouteille: *la bottiglia* (nom fém.)

le bureau: *lo studio* (nom masc.)

le bureau de tabac: *la tabaccheria* (nom fém.)
le bras: *il braccio* (nom masc.)
les bras: *le braccia* (nom fém. pl.)
le brocoli: *il broccolo* (nom masc.)

le cadeau: *il regalo* (nom masc.)
le cahier: *il quaderno* (nom masc.)
la canette: *il barattolo* (nom masc.)
la cantine: *la mensa* (nom fém.)
la cape: *la cappa* (nom fém.)
la carotte: *la carota* (nom fém.)
le carrefour: *l'incrocio* (nom masc.)
le carrosse: *la carrozza* (nom fém.)
la casserole: *la pentola* (nom fém.)
célèbre: *famoso* (adj.)
la circulation: *il traffico* (nom masc.)
le citron: *il limone* (nom masc.)
la chambre: *la camera* (nom fém.)
le championnat: *il campionato* (nom masc.)
la chanson: *la canzone* (nom fém.)
chanter: *cantare* (verbe)
le chanteur: *il cantante* (nom masc.)
la chanteuse: *la cantante* (nom fém.)
le char: *il carro* (nom masc.)
le charbon: *il carbone* (nom masc.)
la charcuterie: *la salumeria* (nom fém.)
le château: *il castello* (nom masc.)
chatter: *chattare* (verbe)
chaud: *caldo* (adj.)
la chaussette: *la calza* (nom fém.)
la chaussure: *la scarpa* (nom fém.)
chauve: *calvo* (adj.)
le chemisier: *la camicetta* (nom fém.)
chercher: *cercare* (verbe)
le cheval: *il cavallo* (nom masc.)
les cheveux: *i capelli* (nom masc. pl.)
la cheminée: *il camino* (nom masc.)
le chewing-gum: *la gomma* (nom fém.)
le chou-fleur: *il cavolfiore* (nom masc.)
Chronos: *Crono* (nom masc.)
la classe: *la classe* (nom fém.)
cliquer: *cliccare* (verbe)
la cloche: *la campana* (nom fém.)
le clocher: *il campanile* (nom masc.)
le cochon: *il maiale* (nom masc.)
se coiffer: *pettinarsi* (verbe)

le coin: *l'angolo* (nom masc.)
la cohabitation: *la convivenza* (nom fém.)
Combien?: *Quanto (-i, -a-, -e)?* (mot interr.)
comique: *comico* (adj.)
comme ça: *così* (adv.)
Comment?: *Come?* (mot interr.)
la compagnie aérienne: *la compagnia aerea* (nom fém.)
les confettis: *i coriandoli* (nom. masc.)
la conjugaison: *la coniugazione* (nom fém.)
connaître: *conoscere* (verbe)
content: *contento* (adj.)
au contraire: *invece* (adv.)
le copain: *il compagno* (nom masc.)
la copine: *la compagna* (nom fém.)
le corps: *il corpo* (nom masc.)
le cou: *il collo* (nom masc.)
coudre: *cucire* (verbe)
la couleur: *il colore* (nom masc.)
couper: *tagliare* (verbe)
la cour: *il cortile* (nom masc.)
la courgette: *la zucchina* (nom fém.)
les courses: *la spesa* (nom fém.)
court: *corto* (adj.)
le cousin: *il cugino* (nom masc.)
la cousine: *la cugina* (nom fém.)
le couteau: *il coltello* (nom masc.)
la couverture (d'un livre): *la copertina* (nom fém.)
à côté de: *vicino a, accanto a* (adv.)
la crèche: *il presepe* (nom masc.)
la cuillère: *il cucchiaio* (nom masc.)
la cuisine: *la cucina* (nom fém.)
cuisiner: *cucinare* (verbe)
la cuisinière: *la cuoca* (nom fém.)
le cuisinier: *il cuoco* (nom masc.)
le cure-dent: *lo stuzzicadenti* (nom masc.)
le cyclisme: *il ciclismo* (nom masc.)

d'abord: *prima* (adv.)
le défilé: *la sfilata* (nom fém.)
déjà: *già* (adv.)
le déjeuner: *il pranzo* (nom masc.)
demander: *domandare* (verbe)
le demi-frère: *il fratellastro* (nom masc.)
la dent: *il dente* (nom masc.)
se dérouler: *svolgersi* (verbe)
le dessert: *il dolce* (nom masc.)

le dessin animé: *il cartone animato* (nom masc.)

dessiner: *disegnare* (verbe)

en dessous: *sotto* (adv.)

au-dessus: *sopra* (adv.)

la destination: *la meta* (nom fém.)

détester: *odiare* (verbe)

devant: *di fronte a* (adv.)

le devoir: *il compito* (nom masc.)

devoir: *dovere* (verbe)

le dieu: *il dio* (nom masc.)

Mon dieu!: *Mamma mia!* (expression)

le dîner: *la cena* (nom fém.)

Quel dommage!: *Che peccato!* (expression)

dormir: *dormire* (verbe)

la douche: *la doccia* (nom fém.)

dramatique: *drammatico* (adj.)

droit: *dritto* (adj.)

à droite: *a destra* (adv.)

l'eau: *l'acqua* (nom féminin)

l'école: *la scuola* (nom fém.)

l'édifice: *l'edificio* (nom masc.)

l'église: *la chiesa* (nom fém.)

élancé: *snello* (adj.)

l'élève: *l'alunna* (nom fém.), l'alunno (nom masc.)

s'éloigner: *allontanarsi* (verbe)

l'émission: *la trasmissione* (nom fém.)

Enchanté!: *Piacere!* (expression)

encore: *ancora* (adv.)

ensemble: *insieme* (adv.)

entendre: *sentire* (verbe)

entourer: *circondare* (verbe)

l'équipe: *la squadra* (nom fém.)

l'équitation: *l'equitazione* (nom fém.)

l'espace: *lo spazio* (nom masc.)

l'Espagne: *la Spagna* (nom fém.)

espagnol: *spagnolo* (adj.)

l'étage: *il piano* (nom masc.)

l'étape: *la tappa* (nom fém.)

l'été: *l'estate* (nom masc.)

étranger: *straniero* (adj.)

être: *essere* (verbe)

être fou de: *andare pazzo per* (verbe)

étudier: *studiare* (verbe)

l'exercice: *l'esercizio* (nom masc.)

l'expérience: *l'esperienza* (nom fém.)

expliquer: *spiegare* (verbe)

faire: *fare* (verbe)

faire du bruit: *fare casino* (verbe)

faire un sport: *praticare uno sport* (verbe)

faire un tour: *fare un giro* (verbe)

fatigué: *stanco* (adj.)

il faut: *bisogna* (verbe)

la femme: *la donna* (nom fém.)

fermé: *chiuso* (adj.)

fermer: *chiudere* (verbe)

la fête: *la festa* (nom fém.)

fêter: *festeggiare* (verbe)

le feu (circulation): *il semaforo* (nom masc.)

le fiancé: *il fidanzato* (nom masc.)

la fiancée: *la fidanzata* (nom fém.)

le fil: *il filo* (nom masc.)

la fille: *la ragazza* (nom fém.)

le film: *Il film* (nom masc.)

finir: *finire* (verbe)

la fois: *la volta* (nom fém.)

le football: *il calcio* (nom masc.)

le footballeur: *il calciatore* (nom masc.)

au fond: *in fondo* (adverbe)

le fromage: *il formaggio* (nom masc.)

la fraise: *la fragola* (nom fém.)

le frère: *il fratello* (nom masc.)

froid: *freddo* (adj.)

le front: *la fronte* (nom fém.)

le fruit: *la frutta* (nom fém.)

le garage: *il garage* (nom masc.)

le garçon: *il ragazzo* (nom masc.)

la gare: *la stazione* (nom fém.)

le gâteau: *la torta* (nom fém.)

à gauche: *a sinistra* (adv.)

le genre: *il genere* (nom masc.)

100 grammes: *l'etto* (nom masc.)

grand: *grande* (adj.)

grand (taille): *alto* (adj.)

la grand-mère: *la nonna* (nom fém.)

le grand-père: *il nonno* (nom masc.)

gras: *grasso* (adj.)

la Grèce: *la Grecia* (nom fém.)

grec: *greco* (adj.)

gris : *grigio* (adj.)
gros : *grasso* (adj.)
la guitare : *la chitarra* (nom fém.)
le gymnase : *la palestra* (nom fém.)

s'habiller : *vestirsi* (verbe)
habiter : *abitare* (verbe)
habituellement : *solitamente* (adv.)
le hall : *l'atrio* (nom masc.)
en haut : *in alto* (adv.)
Héra : *Era* (nom fém.)
Hermès : *Ermes* (nom masc.)
le héros : *l'eroe* (nom masc.)
l'heure : *l'ora* (nom fém.)
l'histoire : *la storia* (nom fém.)
l'hiver : *l'inverno* (nom masc.)
la Hollande : *l'Olanda* (nom fém.)
l'homme : *l'uomo* (nom masc.)
l'huile : *l'olio* (nom masc.)

ici : *qua, qui* (adv.)
l'île : *l'isola* (nom fém.)
l'immeuble : *il palazzo* (nom masc.)
l'Italie : *l'Italia* (nom fém.)
italien : *italiano* (adj.)
intéressant : *interessante* (adj.)

jamais : *mai* (adv.)
le jambon : *il prosciutto* (nom masc.)
le jeu vidéo : *il videogioco* (nom masc.)
jouer (d'un instrument) : *suonare* (verbe)
le journal (TV) : *il telegiornale* (nom masc.)
joyeux : *allegro* (adj.)
Junon : *Giunone* (nom fém.)

le kilo : *il chilo* (nom masc.)

là : *là, lì* (adv.)
le lait : *il latte* (nom masc.)
laisser : *lasciare* (verbe)
la langue : *la lingua* (nom fém.)
le lapin : *il coniglio* (nom masc.)
se laver : *lavarsi* (verbe)
la leçon : *la lezione* (nom fém.)
les légumes : *la verdura* (nom fém.)
se lever : *alzarsi* (verbe)
le lieu : *il posto* (nom masc.)
lire : *leggere* (verbe)
lisse : *liscio* (adj.)
le lit : *il letto* (nom masc.)
le litre : *il litro* (nom masc.)
le livre : *il libro* (nom masc.)
loin (de) : *lontano (di)* (adv.)
les loisirs : *i passatempi* (nom masc. pl.)
long : *lungo* (adj.)
la louche : *il mestolo* (nom masc.)
les lunettes : *gli occhiali* (nom masc. pl.)
lutter : *lottare* (verbe)

mâcher : *masticare* (verbe)
le magasin : *il negozio* (nom masc.)
maigre : *magro* (adj.)
la main : *la mano* (nom fém.)
maintenant : *adesso, ora* (adv.)
mais : *ma, però* (adv.)
la maison : *la casa* (nom fém.)
le maître : *il maestro* (nom masc.)
le majordome : *il maggiordomo* (nom masc.)
mal : *male* (adv.)
la maman : *la mamma* (nom fém.)
manger : *mangiare* (verbe)
la manifestation : *la manifestazione* (nom fém.)
le marché : *il mercato* (nom masc.)
se marier : *sposarsi* (verbe)
marron : *marrone* (adj.)
Mars : *Marte* (nom masc.)
le masque : *la maschera* (nom fém.)
la matière : *la materia* (nom fém.)
le matin : *la mattina* (nom fém.)
le menton : *il mento* (nom masc.)

merci: *grazie* (nom masc.)
Mercure : *Mercurio* (nom masc.)
la mère: *la madre* (nom fém.)
le message: *il messaggio* (nom masc.)
le menu: *il menù* (nom masc.)
midi: *mezzogiorno* (nom masc.)
au milieu de: *in mezzo a* (adv.)
Minerve : *Minerva* (nom fém.)
minuit: *mezzanotte* (nom fém.)
la mobylette: *il motorino* (nom masc.)
la montre: *l'orologio* (nom masc.)
moins: *meno* (adv.)
mois: *il mese* (nom masc.)
le mur: *il muro* (nom masc.)
musclé: *muscoloso* (adj.)
la musique: *la musica* (nom fém.)
la mythologie: *la mitologia* (nom fém.)
mythologique: *mitologico* (adj.)

naviguer sur Internet: *navigare su Internet* (verbe)
Neptune: *Nettuno* (nom masc.)
neuf: *nuovo* (adj.)
le nez: *il naso* (nom masc.)
Noël : *Natale* (nom masc.)
noir: *nero* (adj.)
le nom: *il cognome* (nom masc.)
la note (scolaire): *il voto* (nom masc.)
nouveau: *nuovo* (adj.)
la nuit: *la notte* (nom fém.)

l'œil: *l'occhio* (nom masc.)
l'œuf: *l'uovo* (nom masc.)
l'oignon: *la cipolla* (nom fém.)
l'olivier: *l'ulivo* (nom masc.)
l'olive: *l'oliva* (nom fém.)
l'oncle: *lo zio* (nom masc.)
l'orange: *l'arancia* (nom fém.)
orange: *arancione* (adj.)
l'ordinateur: *il computer* (nom masc.)
l'oreille: *l'orecchio* (nom masc.)
Où ?: *Dove?* (mot interr.)
oublier: *dimenticare* (verbe)

la paire (de): *il paio* (di) (nom masc.)
le pamplemousse : *il pompelmo* (nom masc.)
Pâques : *Pasqua* (nom fém.)
le papa: *il papà* (nom masc.)
le parc: *il parco* (nom masc.)
les parents: *i genitori* (nom masc. pl.)
partir: *partire* (verbe)
la pâte: *la pasta* (nom fém.)
les pâtes: *la pasta* (nom fém.)
la pâtisserie: *la pasticceria* (nom fém.)
la patte: *la zampa* (nom fém.)
parce que: *perché*
payer: *pagare* (verbe)
le pays: *il paese* (nom masc.)
la peau: *la pelle* (nom fém.)
peindre: *dipingere* (verbe)
la peinture: *il dipinto* (nom masc.)
pendant: *mentre* (adv.)
penser: *pensare* (verbe)
le père: *il padre* (nom masc.)
le persil: *il prezzemolo* (nom masc.)
le personnage: *il personaggio* (nom masc.)
petit: *piccolo* (adj.)
petit (taille): *basso* (adj.)
le petit-déjeuner: *la colazione* (nom fém.)
le petit garçon : *il bambino* (nom masc.)
la petite fille : *la bambina* (nom fém.)
les petits pois : *i piselli* (nom masc.)
peu: *poco* (adv.)
un peu: *un po'* (adv.)
le piano: *il pianoforte* (nom masc.)
le pied: *il piede* (nom masc.)
le plat: *il piatto* (nom masc.)
plaire: *piacere* (verbe)
s'il te/vous plaît: *per favore* (expression)
il pleut: *piove* (verbe)
plus: *più* (adv.)
la poêle: *la padella* (nom féminin)
le poil: *il pelo* (nom masc.)
le poisson: *il pesce* (nom masc.)
le poivron: *il peperone* (nom masc.)
la pomme: *la mela* (nom fém.)
le Portugal: *il Portogallo* (nom masc.)
portugais: *portoghese* (adj.)
Poséidon : *Poseidone* (nom masc.)
le pot: *il barattolo* (nom masc.)

le poulet: *il pollo* (nom masc.)

Pourquoi?: *Perché?* (mot interr.)

pouvoir: *potere* (verbe)

le pouvoir: *il potere* (nom masc.)

précieux: *prezioso* (adj.)

préférer: *preferire* (verbe)

prendre: *prendere* (verbe)

le prénom: *il nome* (nom masc.)

près de: *vicino a, accanto a* (adv.)

le présentateur: *il conduttore* (nom masc.)

le prospectus: *il volantino* (nom masc.)

la princesse: *la principessa* (nom fém.)

le printemps: *la primavera* (nom fém.)

le produit: *il prodotto* (nom masc.)

le professeur: *il professore* (nom masc.)

la professeure: *la professoressa* (nom fém.)

le programme: *Il programma* (nom masc.)

promouvoir: *promuovere* (nom masc.)

Quand?: *Quando?* (mot interr.)

Quel?: *Quale?* (mot interr.)

quelque: *qualche* (adv.)

Qu'est-ce-que?: *Che?, Cosa?, Che cosa?* (mot interr.)

la queue: *la coda* (nom fém.)

Qui?: *Chi?* (mot interr.)

raconter: *raccontare* (verbe)

raide (cheveux): *liscio* (adj.)

le raisin: *l'uva* (nom masc.)

la râpe: *la grattugia* (nom fém.)

rarement: *raramente* (adv.)

la recette: *la ricetta* (nom fém.)

le réflexe: *il riflesso* (nom masc.)

regarder: *guardare* (verbe)

la région: *la regione* (nom fém.)

régional: *regionale* (adj.)

les remparts: *le mura* (nom fém. pl.)

renoncer: *rinunciare* (verbe)

rentrer: *tornare* (verbe)

le repas: *il pasto* (nom masc.)

reposer: *riposare* (verbe)

se reposer: *riposarsi* (verbe)

le restaurant: *il ristorante* (nom masc.)

rester: *stare* (verbe)

le résumé: *il riassunto* (nom masc.)

se réveiller: *svegliarsi* (verbe)

le rez-de-chaussée: *il piano terra* (nom masc.)

De rien!: *Prego!* (expression)

rire: *ridere* (verbe)

les Rois Mages: *i Re Magi* (nom masc.)

rond: *rotondo* (adj.)

rose: *rosa* (adj.)

rouge: *rosso* (adj.)

roux: *rosso* (adj.)

le sac à dos: *lo zaino* (nom masc.)

la salade: *l'insalata* (nom fém.)

la salle: *l'aula* (nom fém.)

la salle de bain: *il bagno* (nom masc.)

le salon: *il salotto, il soggiorno* (nom masc.)

salut: *salve, ciao* (nom masc.)

Saturne: *Saturno* (nom masc.)

la sauce: *il sugo* (nom masc.)

le saucisson: *il salame* (nom masc.)

sembler: *sembrare* (verbe)

sentir: *sentire* (verbe)

les serres: *gli artigli* (nom masc. pl.)

le serveur: *il cameriere* (nom masc.)

servir: *servire* (verbe)

seulement: *solamente, solo, soltanto* (adv.)

le ski: *lo sci* (nom masc.)

la sœur: *la sorella* (nom fém.)

le soir: *la sera* (nom fém.)

le soleil: *il sole* (nom masc.)

sortir: *uscire* (verbe)

le sourcil: *il sopracciglio* (nom masc.)

souvent: *spesso* (adv.)

le sport: *lo sport* (nom masc.)

le spot publicitaire: *lo spot pubblicitario* (nom masc.)

le steak: *la bistecca* (nom fém.)

le sucre: *lo zucchero* (nom masc.)

la Suisse: *la Svizzera* (nom fém.)

suisse: *svizzero* (adj.)

le super-héros: *il supereroe* (nom masc.)

le supermarché: *il supermercato* (nom masc.)

le super-pouvoir : *il superpotere* (nom masc.)
symétrique : *simmetrico* (adj.)
sympathique : *simpatico* (adj.)
bûcheur : *secchione* (adj.)
le cure-dents : *lo stecchino* (nom masc.)

le tableau : *il dipinto* (nom masc.), *il quadro* (nom masc.)
se taire : *stare zitto* (verbe)
tagger : *taggare* (verbe)
la tante : *la zia* (nom fém.)
tard : *tardi* (adv.)
la télé : *la tivù* (nom féminin)
téléphoner : *telefonare* (verbe)
la télévision : *la televisione* (nom fém.)
le temple : *il tempio* (nom masc.)
la terrasse : *il terrazzo* (nom masc.)
la tête : *la testa* (nom fém.)
le théâtre : *il teatro* (nom masc.)
le ticket de caisse : *lo scontrino* (nom masc.)
le tilleul : *il tiglio* (nom masc.)
tourner : *girare* (verbe)
tomber : *cadere* (verbe)
le toit : *il tetto* (nom masc.)
la tomate : *il pomodoro* (nom masc.)
tôt : *presto* (adv.)
toujours : *sempre* (adv.)
la tour : *la torre* (nom fém.)
le touriste : *il turista* (nom masc.)
la touriste : *la turista* (nom fém.)
tout de suite : *subito* (adv.)
traditionnel : *tradizionale* (adj.)
le train : *il treno* (nom masc.)
très : *tanto* (adv.)
triste : *triste* (adj.)

le tronc : *il tronco* (nom masc.)
trouver : *trovare* (verbe)
le t-shirt : *la maglietta* (nom fém.)

unique : *unico* (adj.)

vaincre : *vincere* (verbe)
la valise : *la valigia* (nom fém.)
le veau : *il vitello* (nom masc.)
le vélo : *la bici*(-cletta) (nom fém.)
la vengeance : *la vendetta* (nom fém.)
venir : *venire* (verbe)
Vénus : *Venere* (nom féminin)
verser : *versare* (verbe)
vert : *verde* (adj.)
la viande : *la carne* (nom fém.)
le vide : *il vuoto* (nom masc.)
vieux : *vecchio* (adj.)
le village : *il villaggio* (nom masc.),
  il paesino (nom masc.)
la ville : *la città* (nom fém.)
violet : *viola* (adj.)
vivre : *vivere* (verbe)
Tous mes vœux ! *Tanti auguri!* (expression)
voici : *ecco* (adv.)
le voyage : *il viaggio* (nom masc.)
voyager : *viaggiare* (verbe)
voler : *volare* (verbe)
vouloir : *volere* (verbe)
vraiment : *davvero, proprio* (adv.), *veramente* (adv.)

Crédits photographiques

Achevé d'imprimer en Italie par Castelli Bolis - Dépôt légal : 06/2014 - Collection n° 95 - Edition 02 - 12/5660/4

Europa

Reykjavík · **ISLANDA**

MAR DI NORVEGIA

NORVEGIA · **SVEZIA**

FINLANDIA

Helsinki

Oslo · Stoccolma

Tallinn · **ESTONIA**

MARE DEL NORD

MAR BALTICO

RUSSIA

Mosca ·

LETTONIA
Riga

IRLANDA
Dublino

DANIMARCA
Copenaghen

LITUANIA
Vilnius

GRAN BRETAGNA

Londra

PAESI BASSI
Amsterdam

Berlino

POLONIA
Varsavia

Minsk ·
BIELORUSSIA

Kiev ·

OCEANO

Bruxelles
BELGIO

GERMANIA

Praga

REPUBLICA CECA

UCRAINA

ATLANTICO

Parigi

LUSSEMBURGO
Lussemburgo

SLOVACCHIA

Vienna · Bratislava

MOLDAVIA
Kisinev

FRANCIA

Berna
SVIZZERA

AUSTRIA

Budapest
UNGHERIA

ROMANIA

Bucarest ·

PORTOGALLO

ANDORRA

SLOVENIA
Lubiana

Zagabria
CROAZIA

**BOSNIA-
ERZEGOVINA**

Belgrado

MAR NERO

Lisbona

Madrid

Nizza

ITALIA

Corsica

Sarajevo

SERBIA

SPAGNA

Maiorca · Minorca

Ibiza · **Baleari**

Sardegna

Roma

Podgorica
MONTENEGRO

Tirana

BULGARIA
Sofia

Skopje
MACEDONIA

T U R C H I A

ALBANIA

GRECIA

Atene ·

MAROCCO

Sicilia

Rodi

Nicosia
CIPRO

TUNISIA

La Valletta
MALTA

Creta

ALGERIA

MAR MEDITERRANEO

LIBIA

EGITTO

Confine di Stato · Capitale di Stato Unione europea 500 km *scala*